Aprender a educar

NAOMI ALDORT

Aprender a educar

sin gritos, amenazas ni castigos

EDICIONES MEDICI

La edición original de esta obra ha sido publicada en inglés por Naomi Aldort, en Estados Unidos, con el título

RAISING OUR CHILDREN, RAISING OURSELVES

Traducción
Gemma Fors

Diseño de la cubierta
Cèlia Vallès

Reimpresión 2013

ISBN 978-84-9799-076-9
Depósito legal: B. 11.159-2013
Printed in Spain
NOVAGRAFIC IMPRESORES, S.L.

"Sea lo que sea en lo que te conviertas,
no me decepcionarás; no tengo preconcepciones.
No deseo predecir en lo que te convertirás,
sólo deseo descubrirte. No me decepcionarás."

–Mary Haskell

Cualquier padre o madre está dispuesto a dejar de reñir, castigar o amenazar si sabe cómo asegurarse de que su hijo, pequeño o adolescente, crecerá aprendiendo a ser responsable sin recurrir a estas dolorosas medidas. *Aprender a educar* es la respuesta a este deseo universal. No se trata de controlar al niño sin aplicar mano dura, se trata de una forma de ser y de comprenderle para que saque lo mejor de su interior, no por miedo, sino porque es lo que quiere hacer por voluntad propia.

Índice de materias

Agradecimientos

Empecé a escribir este libro cuando mi hijo menor era pequeño, hará unos ocho años. Terminé su redacción en poco tiempo, pero estaba tan ocupada que no encontraba tiempo de revisar el texto ni prepararlo para su impresión. El libro habría salido hace cinco años, cuando mi hijo pequeño, Oliver, tenía seis, pero él y su hermano, Lennon, decidieron apuntarse a clases de música (violonchelo, violín, piano y luego, dirección orquestal y composición). Ambos demostraron poseer un talento prodigioso de modo que tuve que olvidarme del libro unos años más. En la actualidad, Lennon Aldort (15 años) compone y dirige sus propias sinfonías, y Oliver Aldort (11 años) ha tocado como solista con numerosas orquestas y ha realizado apariciones en televisión y radio; se puede visitar su sitio web en www.OliverAldort.com.

El libro que tiene en sus manos se ha reescrito y transformado varias veces. En cierto modo, ha crecido conmigo y con mis tres hijos.

Mi gratitud comienza con mis hijos, mis animadores y maestros. Jonathan Aldort me ha enseñado, entre otras cosas, que por cariñosa y fantástica que sea una madre, un hijo crea su propia película de su infancia y esta es la única infancia que tiene. Lennon Aldort me ha enseñado que al ir por el mundo con un niño se descubren nuevas realidades cuya existencia se ignoraba. Me ha enseñado a distinguir el autoengaño de la verdad profunda y me ha hecho ver cuándo me limitaba mediante mis propios pensamientos. El menor, Oliver Aldort, sigue guiándome en mi camino hacia la autorrealización y enseñándome la naturaleza budista. Cuando las cosas no van como él quisiera simplemente dice "Pues vale", y sigue adelante tan contento. Cuando me atormento preocupándome como madre, me pregunta: "Mamá, ¿por qué te haces esto?".

A continuación, debo expresar mi gratitud a los miles de niños que me han proporcionado el material para este libro. Estoy a los pies de todos los padres que reúnen la valentía para pedir mi consejo y compartir sus historias conmigo. Encontrará estas historias, con nombres y lugares modificados, a lo largo de todo el libro, además de historias de mi propia familia, con nombres reales (con permiso).

Mi querido esposo, Harvey, me ha proporcionado apoyo y resistencia; me ha desafiado, pero siempre ha confiado en mi capacidad y sabiduría. Es el hombre que tiene el valor de pedir mi consejo cuando se trata de nuestros hijos. Me dice: "No puedo hacerme cargo de esta situación apaciblemente. Haz magia de la tuya, por favor". Entonces, yo me hago cargo de la situación y me dice: "Publica ya ese libro. El mundo lo necesita".

Este libro no existiría sin la capacidad de mi madre de educarse a sí misma mientras educaba a sus hijos y, como abuela, de preguntar y estar siempre dispuesta a aprender cosas nuevas. La primera persona que me enseñó el concepto de validar las emociones fue mi querida madre. Fue y sigue siendo una madre progresista y excepcional, y sigue aprendiendo.

Agradezco el trabajo de edición y formato de Patrick Farenga, mi editor, antiguo editor de la publicación *Growing Without*

Schooling y líder del movimiento de escolarización en casa. Se encargó de dar la forma definitiva al manuscrito, con gracia y facilidad de manejo. Antes de llevarle el libro a Patrick, tuve la suerte de trabajar en el texto con mi amigo, el profesor de literatura Richard Fadem. No corrigió mi texto; en lugar de ello, me dio un curso intensivo sobre escritura y redacción.

Gracias a Ellen Steiner y a Deborah Burke por trabajar conmigo en el manuscrito original. Gracias a Lisa Biskup, Michael Biskup y Chrys Buckley por revisar el libro. Agradezco a Victoria McCown la revisión final y que me enseñase gramática. No podría haber finalizado el libro sin Sheryn Hara de Book Publishers Network, que se encargó de la enorme tarea de prepararlo para su publicación. Y gracias a Justin Smith y el personal de Bang Publishing.

Deseo dar las gracias a mis amigos que leyeron partes del libro y me ofrecieron comentarios útiles: Marjon Riekerk, Kathy Gainor, mi hermano Kobe Hass y mi cuñada Michele Hass y a otras personas que aportaron sus comentarios. No puedo nombrar a todas las personas que los han hecho, pero gracias por cada pequeño comentario que he recibido.

El movimiento hacia la paternidad respetuosa y natural ha recibido el apoyo de muchos individuos y organizaciones. Me siento especialmente agradecida a Attachment Parenting International y a La Liga de la Leche, cuyas madres y líderes han distribuido mis artículos y han usado mi libro para marcar una diferencia en las relaciones de los padres con sus hijos pequeños. En especial, dirijo mi agradecimiento a las madres de Northwest Attachment Parenting y a otros grupos de padres del noroeste norteamericano y de Nueva Inglaterra.

Debo especial gratitud a las muchas personas que han influido mi pensamiento con sus textos. Algunas siguen en vida y otras ya han desaparecido. Gracias por compartir vuestras reflexiones y vuestro amor: Byron Katie, Werner Erhard, John Holt, Ekhart Tolle, Marshall Rosenberg, Joseph Chilton Pearce, Daniel Greenberg, A. S. Neill, doctor Robert S. Mendelsonh, Tine Thevenin y muchas otras cuyas palabras he escuchado o leído sin saber a quién pertenecían. Gracias también a las numerosas personas que me han prestado su apoyo, que han escrito notas para la cubierta del libro y que me han expresado su convencimiento de que el libro marcará una diferencia: Brad Blanton, John Breeding, John Taylor Gatto, Jan Hunt, Wendy Priesnitz (Canadá) y Veronika Robinson (Reino Unido).

Gracias especialmente a Peggy O'Mara, editora de la revista *Mothering*. Peggy ha sido una de las principales fuerzas impulsoras del movimiento hacia la educación natural. Su liderazgo ha preparado el camino para que los demás, personas de todo el mundo, pudiéramos marcar una diferencia en nuestras vidas y en las de nuestros hijos.

Y mi agradecimiento más importante lo debo a ustedes, los lectores, por su valentía al explorar este nuevo paradigma de la paternidad. Sin ustedes este libro no existiría. Yo soy el reflejo de su compromiso para educarse al tiempo que educan a sus hijos.

Con mi amor y afecto,
Naomi

Preparación

Cambio de paradigma

Comparta su vida con un niño cuyas acciones competentes no nazcan del miedo sino de la alegría y el amor.

El presente libro es el resultado de años de maternidad y de asesoramiento a familias del mundo entero. Lo que he aprendido de las asombrosas historias de los padres es que ellos ya saben cómo educar a sus hijos, pero no siempre siguen los dictados de su propia sabiduría. A veces se dice algo o se actúa de una forma que luego se lamenta, y el motivo de este arrepentimiento es que, en el fondo, uno sabe lo que está bien. Las palabras y las grabaciones del pasado que se conservan en la mente se interponen en el camino de la sabiduría, que surge del amor. En este libro aprenderá a diferenciar los pensamientos improductivos del amor que siente hacia su hijo, de modo que podrá actuar con integridad y ser fiel a quien es en realidad, una madre o un padre cariñoso. Aprenderá también las técnicas necesarias para sacar el amor que lleva dentro en las diferentes situaciones desafiantes.

Sé que con gusto dejaría de regañar, castigar o amenazar a su hijo si supiera cómo educarle para que se convierta en una buena persona, responsable y con éxito, sin recurrir a estas dolorosas medidas. *Aprender a educar* es, sin duda, la respuesta a su deseo.

Estos últimos años, el deseo de educar apaciblemente a los hijos ha dado lugar a fórmulas más pacíficas para conseguir la colaboración de los hijos. No obstante, el propio concepto de control no ha cambiado, y "fomentar la colaboración" es ahora la nueva terminología empleada para referirse al viejo control. El control no es eficaz porque los humanos nos resistimos a él por naturaleza. Tanto si se trata de coerción moderada como de manipulación encubierta, el control ejercido causa los problemas que intentamos solucionar.

Muchos padres ya saben cómo controlar a sus hijos pacíficamente; lo que no sabemos es cómo NO controlarles y vivir en paz y armonía con ellos. Conocemos métodos de control pacífico como las consecuencias naturales, el tiempo de reflexión "no punitivo" y acordado, el fomento de la colaboración, las recompensas y los elogios. En cambio, la obediencia, la conformidad e incluso la colaboración significan que el niño ha sucumbido a la voluntad del adulto, aunque parezca satisfecho con ello (porque desea el amor de los padres y se siente aliviado al ganárselo). Los padres de hoy buscan modos de educar a los hijos sin controlarles y proporcionarles al mismo tiempo cariño y orientación.

El propósito del presente libro, por tanto, no consiste en enseñar a los padres a promover la colaboración, sino a proporcionar el poder de la autorrealización tanto a uno mismo como al niño. *Un niño autónomo, cuya vida sigue el curso que él elige, actúa productivamente porque lo desea. Actúa por amor y alegría, no por miedo ni por la necesidad de ganarse la aprobación.*

En los capítulos que siguen, aprenderá usted a aislarse de sus reacciones emocionales y de sus condicionantes para que el niño sea quien es sin ser frenado por el pasado del padre, su ansiedad ante el futuro ni su preocupación por lo que otras personas puedan decir acerca de su papel como padre. Aprenderá a mimar sin dar forma, como un jardinero que riega las flores, pero no las ayuda a abrirse, ni tampoco elige sus formas ni colores.

Nuestro progreso evolutivo para convertirnos en seres humanos más apacibles, conectados y realizados depende de que nos sepamos librar de las antiguas técnicas y de la necesidad de control. Las preguntas típicas: cómo "conseguir" que haga sus tareas, no alborote, no coja berrinches, se coma la cena, etcétera, reflejan el deseo de controlar al niño. Se pretende que el niño haga lo que los padres quieren; el niño *tiene que olvidar lo que él quiere, lo cual significa dejar de ser él mismo*. Pero hacerle olvidar su voluntad provoca la mayoría de dificultades que tenemos con los hijos. El niño que dirige su propia vida es el que actúa productivamente, porque actúa desde el amor y la alegría, no desde la ira, el miedo y el estrés.

Si tiene usted la valentía de confiar en su hijo para que tome las riendas de su propia vida, disfrutará usted de una paternidad más plena, en que se enamorará de las singulares preferencias y deseos de su hijo. Este amor es incondicional –amar a su hijo, no la idea de cómo debería ser–. El amor es amor sólo cuando no hay condiciones. En el momento en que se utiliza el amor como recompensa a un comportamiento o un logro, deja de ser amor y se convierte en una lección sobre dar y recibir. En este libro, aprenderá a quitarse la armadura y dejar que el amor fluya sin barreras. El amor incondicional es la recompensa en sí.

En cada momento difícil con el niño, puede usted elegir: impedir que el niño sea como es para seguir con los métodos antiguos o crecer como persona y unirse al niño en su viaje. Él es su maestro. Las personas que saben dónde van y llegan a la realización personal crecen en familias donde los padres crecen junto a sus hijos.

LA PATERNIDAD ES UN CAMINO HACIA LA MADUREZ Y EL CRECIMIENTO SI NOS ATREVEMOS A APRENDER MÁS Y A ENSEÑAR MENOS

Nuestra búsqueda del control no es un defecto ni un error. Seguimos inocentemente los pasos de nuestros mayores, basados en el miedo. Ellos pensaban que los niños no maduran y se convierten en adultos a menos que los padres les modelen. Tomaron el papel divino de convertir a los bebés y a los niños en adultos. La paternidad es mucho más sencilla cuando uno se da cuenta de que los niños ya vienen diseñados para florecer cada uno a su manera.

En este libro encontrará el alivio de la carga que constituye el deber imposible de modelar seres humanos. La naturaleza cumple su cometido; no corresponde a los padres convertir a un bebé en un adulto en veinte años. Es responsabilidad y privilegio de los padres cuidar a los hijos mientras crecen.

Los siguientes capítulos están basados en la comprensión de que las ideas vienen y van sin nuestro control; nosotros no las elegimos. Estas ideas o pensamientos no son útiles ni siquiera verdad, y no tenemos por qué obedecerlas. Si queremos que nuestro futuro como humanidad sea diferente a lo que ahora parece, debemos permitir a nuestros hijos crear a partir de quienes son y no de quienes queremos que sean. Nuestras aspiraciones se basan en ideas heredadas del pasado. No puede haber cambio alguno si se repite el pasado y se obedecen los pensamientos basados en el viejo miedo.

En el libro se retratan decenas de situaciones familiares. Son historias reales de familias con quienes he tenido el privilegio de trabajar, sin embargo, los nombres y lugares han sido modificados para preservar la confidencialidad. Los principios del amor no tienen nada que ver con la edad. Estas anécdotas proceden de las vidas de niños de todas las edades –de bebés a adolescentes.

La paternidad es un camino hacia la madurez y el crecimiento si nos atrevemos a aprender más y a enseñar menos. Cuando se tiene la valentía de dejar de defender la manera en que se es, o la manera en que los padres le educaron a uno, uno se puede abrir a la posibilidad de ser mucho mayor, más magnífico y capaz de lo que uno mismo creía.

Capítulo 1

Palabras que sanan y conectan

Las palabras que elegimos en nuestras interacciones con los hijos tienen el poder de sanar o herir, de crear distancia o de fomentar la proximidad, de ignorar los sentimientos o de abrir el corazón, de favorecer la dependencia o la independencia. Por ejemplo:

> *Estaba comprando en una tienda y oí llorar a un niño. Seguí el sonido y vi a una niña de cuatro años, llorando en el suelo. No parecía que hubiera nadie con ella. Miré a mi alrededor y una mujer que estaba en la caja me dijo: "No sé dónde está su madre. Creo que este niño es su hermano".*
>
> *El hermano de la niña tenía unos nueve años. Estaba junto a un carro de la compra en el pasillo. Me senté en el suelo junto a la niña e intenté adivinar por qué lloraba.*
>
> *"Estás cansada de esperar y esperar y ya quisieras salir de la tienda?", pregunté.*
>
> *"Sí", respondió.*
>
> *"¿Tienes ganas de irte a casa?"*

"Sí", dijo, llorando más profundamente.

"Se tarda mucho en comprar y parece que mamá es muy lenta", añadí.

"Sí", contestó. Y esta vez me miró con sus grandes ojos llorosos.

"Es difícil esperar tanto rato en una tienda tan aburrida", dije.

"Ya."

Su hermano se acercó y con un gesto de impaciencia dijo: "Venga, Lizzie, levántate".

Me dirigí al niño y le pregunté: "¿Estás cansado de esperar a mamá, tú también?".

"Sí", dijo, y añadió, "especialmente porque dan nuestro programa preferido en la tele".

"Oh", dije. "¿Os estáis perdiendo vuestro programa ahora?"

"Sí", contestó Lizzie, y me empezó a hablar del programa.

"¡Menuda lata!", validé. "¿Cuándo vuelven a dar el programa?"

"Mañana", dijeron al unísono. "Lo ponen cada día", añadió el chico.

"¿Pensáis que mañana no adivinaréis lo que os habéis perdido hoy?", pregunté, pensando que les preocuparía no poder seguir el argumento.

"Sí", dijo Lizzie, mientras su hermano asentía con la cabeza. Entonces Lizzie se levantó. Me presenté. Lizzie me dio un enorme abrazo. Le dije: "Estoy contenta de haberte conocido". Se hundió entre mis brazos. Estaba tranquila. Luego su hermano se acercó más y dijo: "Seguro que adivinaremos lo que nos hemos perdido, Lizzie". Lizzie sonrió.

En aquel momento, la madre de los niños llegó y me agradeció mi ayuda.

Las palabras sanadoras no necesariamente cambian las cosas. Lizzie no llegó a casa cuando ella quería y se perdió su programa favorito. Lo que cambió fue cómo se sentía y cómo pasó el resto del tiempo en la tienda. Nuestra forma de hablar habitualmente niega cada pronunciamiento del niño. Veamos cómo hubiera ido la conversación con Lizzie si "con cariño y amabilidad" hubiera negado sus sentimientos.

Supongamos que pregunto a Lizzie, cuando está llorando en el suelo, "¿Por qué lloras?". Preguntar "por qué" pone al niño a la defensiva e implica que no vemos razón para llorar; y los niños creen que la razón de su llanto es evidente. "¿Por qué?" también puede inferir una acusación: "Algo pasa contigo si te enfadas por esto". Pero para el propósito de este ejemplo, imaginemos que Lizzie me responde "Quiero irme a casa".

"Seguro que mamá no tardará", podría haber replicado yo, "¿Quieres que te enseñe una cosa?"

A primera vista, esta respuesta puede parecer inofensiva, sin embargo niega los sentimientos de Lizzie no una vez sino dos. Primero, para Lizzie, mamá está tardando mucho en terminar la compra. Al inferir lo contrario, habría contradicho el sentido de impaciencia de Lizzie. En segundo lugar, al ofrecerle una distracción ante su malestar, habría implicado, "Hagamos como si no estuvieras molesta y finjamos que te lo estás pasando bien". Esto niega su necesidad de estar presente ante sus sentimientos y su deseo de hablar de su enfado y sus deseos.

Si Lizzie cae en la distracción, tal vez deje de llorar durante un rato. Aún así, como su angustia sigue siendo aguda y sus sentimientos se han negado, la distracción, por atractiva que resulte, no solucionará sus necesidades emocionales.

Para seguir con la ilustración, digamos que Lizzie no hace caso a mi intento de distraerla y se pone a llorar con más intensidad: "Quiero ver mi programa de televisión. Quiero irme a casa ahora".

"Seguro que puedes ver el programa otro día", podría haber seguido negando. "Además, ver demasiada televisión no es bueno."

Llegado este punto habría alienado a Lizzie hasta tal extremo que ella hubiera querido intentar escapar. Yo habría minimizado su sentido de la impaciencia, rechazado sus sentimientos de frustración, intentado distraerla de sus sentimientos verdaderos e inferido que no tenía motivos para estar disgustada. Por tanto, hubiera sido poco probable que Lizzie persistiera en su lucha por expresar sus sentimientos o pedir lo que necesitaba porque no habría percibido que yo estuviera de su parte.

Mi charla con Lizzie podría haber seguido indefinidamente porque la negación nunca resuelve nada, más bien acrecienta las emociones dolorosas porque el niño se ve obligado a defender su historia. Al final, la pequeña habría encontrado una manera de deshacerse de mí, sintiéndose más disgustada que al principio.

Cuando los niños perciben que pueden mostrarse como son, que pueden sentir lo que sienten y cuando se dan cuenta de que nos importa su punto de vista, suelen crear la solución a su propio problema, o hacer las paces con la realidad. Por el contrario, cuando los sentimientos del niño se niegan, suelen verse incapaces de resolver sus propios problemas. Se enfadan porque se perciben como víctimas.

En la situación simulada, yo habría alienado a Lizzie hasta tal punto que se hubiera sentido empujada a transmitir su justificada rabia hacia su madre, lo cual acrecentaría más su malestar y el de la madre. Por otro lado, lo que en realidad ocurrió en mi presencia es que Lizzie se sintió aliviada al validar sus sentimientos. Entonces pudo aceptar que no vería su programa preferido.

¿FUNCIONA LA VALIDACIÓN?

"Validé y no funcionó", dijo Annie con un suspiro de desesperación.

"¿Pretendía que la validación detuviera el berrinche de su hija y no lo consiguió?", pregunté.

"Sí", dijo Annie, "y no guardó los bloques de madera".

La validación es su propio resultado. No se trata de un método para controlar o cambiar el curso del comportamiento del niño. Al contrario, la validación y la escucha focalizada son nuestra manera de dejar al niño expresarse; es nuestra manera de ofrecer amor y amistad. El resultado de la validación es que el niño se siente seguro sintiendo sus sentimientos y expresándose plenamente.

El resultado inmediato más probable de la validación es un aumento del llanto, el berrinche u otras formas de expresión. En la situación real con Lizzie, cuando validé sus sentimientos, ella reaccionó con un llanto más profundo, dando rienda suelta a su enfado. Sólo cuando acabó de llorar y de hablar de sus necesidades se calmó y fue capaz de enfrentarse a la realidad. Cuando este tipo de validación proviene de los padres del niño, en lugar de un extraño, el niño probablemente llorará más tiempo, liberando viejas presiones además de las inmediatas. Los niños cuyos sentimientos y experiencias se validan pueden llorar más o enfadarse más precisamente porque la validación les da permiso para expresar sus sentimientos más profundos. Cuando lo han hecho, sin embargo, suelen seguir adelante sin restos de malos sentimientos.

En ocasiones, la validación concluye rápidamente un enfado porque se trata de algo temporal y el niño se siente aliviado enseguida. No obstante, si el niño llora más, hay que seguir junto a él. Asegúrese de no ser usted la causa de la angustia, sino quien proporciona cariño y validación para un alivio necesario. Si le incomoda la intensidad de las emociones, recuerde que no busca su propia comodidad sino la confianza del niño en sí mismo y en usted. A través de este reconocimiento de uno mismo, los niños aprenden a conocerse y a confiar en ellos mismos; las emociones y su expresión, incluidas las más intensas, les parecen menos amenazadoras.

No sólo el niño capta sus propios sentimientos y necesidades con claridad, sino que con la validación de los sentimientos de su hijo, usted también le comprenderá mejor y ambos se sentirán más conectados y fuertes. Usted desarrollará un respeto por su experiencia individual, además de ver más claramente el camino a seguir como padre. Se formará entre ambos un poderoso vínculo de confianza, que el niño llevará consigo en sus relaciones para el resto de su vida. Al confiar en sí mismo y no temer sus sentimientos, el niño contará con la resistencia emocional y la compasión que le permitirán enfrentarse a los altibajos de la vida.

Al validar los sentimientos, evite dramatizar o añadir su propia reacción emocional. Cuando dramatizamos, el niño suele meterse más en su historia; si percibe una actitud benévola, podrá llorar o patalear lo necesario y luego ver su propio "drama" desde fuera y reírse de él o al menos seguir adelante con una actitud positiva. Lizzie y su hermano encontraron su propio camino al enfrentarse a la realidad porque se les escuchó y al mismo tiempo su historia no adquirió mayor impulso. Evité la dramatización. No evalué la situación, ni ofrecí soluciones, lo cual hubiera implicado que la situación era mala.

Los niños salen de su aflicción cuando se les valida con una actitud benévola y cuando han terminado de expresarse.

A.P.E.G.O. COMUNICATIVO

Muchos padres me piden palabras concretas que les ayuden a cambiar de la negación a la validación. La fórmula A.P.E.G.O. puede ser una buena herramienta para ayudarle a realizar el cambio hacia la afirmación de las experiencias del niño para dejar que viva sus emociones y actúe con autenticidad y poder.

A – Aislarse del comportamiento y emociones del niño hablando en silencio con uno mismo. Este es el paso más difícil; cuando sea capaz de darlo, el resto será coser y cantar. Observe que cuando la acción del niño provoca su reacción, su mente le trae palabras a la boca. Es como un ordenador: el niño hace algo y se abre una ventana automáticamente en su mente. Esto sería algo inofensivo si usted no leyera en voz alta lo que dice el texto de la ventana. Si está usted disgustado, es un error decirlo o hacerlo y sólo agravará la situación. No es algo que desee usted decir. No representa su verdadera intención y no es, por tanto, auténtico. La prueba de que no lo es, es que más tarde se arrepentirá usted de sus palabras y acciones y levantarán muros entre usted y su hijo.

Para evitar herir al niño, lea las palabras de la ventana automática mentalmente. Preste atención a las palabras que casi pronuncia y deje que su expresión ocurra en el interior de su mente, incluyendo imágenes, acciones que desea tomar o recuerdos del pasado. Esto lleva menos de un minuto y no hace daño a nadie. Lo que sienta le pertenece sólo a usted y no es razón para actuar ni expresarlo. Pertenece al pasado y no refleja la persona que es usted en el presente.

Al principio, esta investigación de sus propios pensamientos puede precisar más de un minuto. Empiece sólo prestando atención a los pensamientos y dejando que afloren. Anótelos para poder trabajar con ellos más tarde. Con el tiempo, ejercerá un mayor control sobre su mente y podrá realizar todo el proceso enseguida.

Investigación de pensamientos:

- Compruebe la validez de las palabras que emanan de su ira, preocupación o crítica. ¿Son realmente palabras *suyas*? ¿Las cree de verdad? Pensamientos como "Nunca aprenderá", "No debería comportarse así", o "Debería ser más responsable" son viejas grabaciones con las que tal vez ni siquiera esté de acuerdo. Quizás sea lo que otros dicen; quizás sean sus propios miedos, sus recuerdos, o sus propias aspiraciones. De una forma u otra, se interponen en el camino de su capacidad para amar y comprender a su hijo tal como es.
- Observe lo que le hacen estos pensamientos cuando se los toma en serio. Observe en su mente *cómo trata a su hijo cuando obedece el pensamiento*.
- Plantéese quién sería usted si el pensamiento no le pasara por la cabeza. Sin el pensamiento, es usted libre de responder a su hijo en lugar de responder a su verbosidad mental. Intente imaginar la misma situación con su hijo, sin el pensamiento que le conduce a la negación y el control. El pensamiento no desaparecerá. Guárdelo. Sólo imagine quién es usted sin él. Sin el pensamiento limitador, su personalidad real, de amor incondicional, emergerá.

- Compruebe si lo que afirma su mente de su hijo es cierto también si se lo aplica a usted. Habitualmente vemos en los demás cosas que necesitamos oír nosotros. "No debería comportarse así" se transforma en "No debería comportarme así… con mi hijo". "Nunca aprenderá" puede ser un aviso para examinar su aprendizaje como padre, y "Debería ser más responsable" puede ser la mejor guía para su capacidad de ser responsable de sus reacciones mentales además de los demás componentes de su vida.

Una vez sea consciente de los pensamientos que le inducen a error, descubrirá que usted es amor incondicional; en lugar de quedar atrapado en su ansiedad, estará junto al niño armado únicamente con su amor como siempre fue y es. Al deshacerse de la maraña de pensamientos, su verdadero ser, su amor, reluce y esta luz le permite ver a su hijo.

P – Prestar atención al niño. Después de investigar en silencio la conversación dentro de su mente (que no tiene nada que ver con el niño), dirija su atención y su monólogo interior a su hijo.

E – Escuchar lo que el niño dice o lo que sus acciones indican; y luego escuchar de nuevo. Establezca contacto visual con su hijo y formule preguntas que le den la oportunidad de hablar, o si el niño no se expresa verbalmente, que le den a entender que usted le comprende.

G – Garantizar la validación de los sentimientos y las necesidades que expresa el niño sin dramatizar y sin añadir su propia percepción. Cuando se tiene éxito, se establece una conexión con el niño y uno se siente presente y auténtico.

O – Otorgar poder al niño para que resuelva su propio disgusto apartándose de su camino y confiando en él. Demuestre que confía en sus recursos sin ponerse nervioso ni apresurarse en resolver la situación. Los niños encuentran sus propias peticiones, soluciones e ideas cuando se sienten capaces, que se confía en ellos y están libres de las expectativas o emociones de los padres. Los sentimientos se interponen en la capacidad de actuar. Una vez se han expresado los sentimientos, el niño recupera su libertad y concentración y, o bien se desprende de la necesidad que tenía, o bien encuentra soluciones. De forma rápida y natural, hará lo que usted ha hecho con la investigación de pensamientos.

Clint, de nueve años, lloraba porque su hermana Joy no quería acabar la partida de Monopoly® *con él. "Quiero acabar la partida. Estaba a punto de ganar", gritó.*

Su madre estaba a punto de imponer "justicia", pero se tomó su tiempo para aislar su reacción personal de la disputa de sus hijos y llevó a cabo su aislamiento de la situación mentalmente (la A *de* A.P.E.G.O.*). Se imaginó a sí misma gritándole a Joy, llamándole desconsiderada y ordenándole que acabara la partida. Luego examinó sus pensamientos y vio que no representaban la verdad; su hija no es desconsiderada y su asertividad es una cualidad. Entonces pudo abandonar el pensamiento y pasó a Prestar atención (P) a Clint y a Escucharle (E).*

"Estabas contento porque parecía que ibas a ganar y ahora te sientes decepcionado porque no has podido terminar el juego, ¿no?"

"Estoy enfadado. Quiero acabar la partida", insistió Clint.

"De modo que tú quieres acabar la partida y Joy no quiere seguir jugando."

"Estaba a punto de ganar, por eso no quiere seguir jugando", dijo Clint.

Ella siguió validando y escuchando las palabras de Clint, pero no cambiando la realidad. Otorgó poder al niño al no implicarse e intentar arreglar la realidad, como diciendo: "Te escucho, no veo el problema, y sé que puedes arreglarlo".

Al cabo de un rato Clint había terminado e inició una conversación distinta.

Clint fue escuchado. Se sintió conectado con su madre, que había validado sus sentimientos y repetido los hechos basándose en la percepción del niño. La madre no añadió dramatismo; no mezcló sus emociones ni opiniones. Su confianza y presencia hicieron posible que Clint superase la situación.

NIÑOS PEQUEÑOS Y PALABRAS SOBRE SENTIMIENTOS

Un niño pequeño puede comprender o no las palabras triste, molesto o decepcionado. Los niños pequeños se sienten validados cuando se reconocen los hechos. Por teléfono, una madre me explicó su experiencia con su hija en la piscina.

Orna (de 5 años) salió de la piscina, llorando porque quería quedarse más rato. La piscina cerraba. Su madre, Donna, la vistió para salir de las instalaciones. Mientras la vestía, Donna validó la experiencia de su hija afirmando los hechos:

"Te encanta jugar en el agua. ¿Querías quedarte más rato?"

Orna respondió con un "Sí, quería saltar más".

Donna siguió: "Lo sé. No querías salir del agua todavía, y nos han hecho marchar".

Orna dejó de llorar y dijo: "Me encanta la piscina".

"Sí", dijo su madre, "y no te gusta que te echen".

"Mamá", respondió Orna con calma, "Ya me da igual. Quiero ir a casa".

Donna describió los hechos y Orna pudo conectar y sentirse satisfecha con su madre. Por sí solos, los niños no se aferran a las emociones dolorosas; no tienen el peso de un pasado añadido a cada sentimiento. Evitemos enseñarles el arte adulto de "regodearse en la autocompasión". Los adultos en ocasiones insistimos en generar culpa en la otra persona, o incluso en culpar a nuestra cultura o al gobierno. Seguro que no queremos enseñar estas habilidades a nuestros hijos. Validemos, y esperemos que el niño siga adelante; esperemos de él que no se tome sus sentimientos demasiado en serio y aprendamos de él. Las emociones son un sistema de descarga, igual que el sudor o las deposiciones y hay que reconocerlas para que no nos entorpezcan, del mismo modo que nos limpiamos el sudor. Cuando la necesidad de comprensión del niño se satisface, el niño sigue adelante. Su capacidad de salir adelante también evitará que el niño se aferre a la situación y la convierta en una historia que podría afectar negativamente su actitud para el resto de su vida.

CUANDO LA VALIDACIÓN SE CONVIERTE EN UN INSULTO

En ocasiones, la validación puede negar la autonomía e intimidad del niño. El pequeño puede percibir las palabras amables cono un insulto cuando su disgusto está relacionado con algo que el adulto dice o hace; el niño puede ofenderse por la validación independientemente de las causas de su disgusto. Necesita la libertad para elegir si quiere o no exponer sus sentimientos. Puede que no desee que se mencione el hecho de que está enfadado. En esencia, el niño dice: "Cuando estoy disgustado, dejadme estar disgustado, pero no me digáis que me veis". Cuando el niño necesita este tipo de escucha silenciosa, cualquier palabra que digamos probablemente le avergonzará.

> *Amber, de cinco años de edad, construye una torre. La torre se desploma y ella se disgusta: Su abuela entra en la habitación y valida: "Oh, ¿te sientes frustrada? ¿No querías que se derrumbara?".*
>
> *Amber golpea el resto de bloques que estaban en pie y grita: "¡No digas nada!".*
>
> *La abuela se sienta en silencio, consciente de su equivocación.*
>
> *Entonces Amber se tira al suelo y golpea los bloques esparciéndolos con enfado. Grita: "¡Bloques tontos, suelo tonto, yo tonta!". Lanza más bloques por toda la habitación. La abuela sigue callada y Amber reacciona ante su presencia expresándose plenamente. Cuando termina, recoge los bloques y vuelve a construir una torre tranquilamente.*

El silencio no significa indiferencia. Ofrezca toda su atención, pero sin mencionarlo. También resulta incómodo para el niño mencionar sus sentimientos cuando siente vergüenza o miedo. En tales casos, se puede optar por no decir nada y permanecer atentos o tranquilizar al niño explicándole una situación vergonzosa semejante, como hizo mi cliente Adi:

Mientras Adi trabajaba en el jardín, su hija de cuatro años, Ruthi, entró a servirse un vaso de leche. Una parte de la leche se derramó sobre la mesa y el suelo de la cocina. Cuando Adi entró y vio la leche derramada, estuvo a punto de exclamar: "¿Por qué no me has avisado? Ya sabes que no puedes ponerte leche sola". En lugar de ello, respiró profundamente; se aisló y dejó que estas palabras se alejaran de su mente (A de A.P.E.G.O.). Prestó su atención a Ruthi (P). Se dio cuenta de que no le había avisado para no molestarle. Se le acercó y le dijo alegremente: "Veo que te has servido sola un vaso de leche".

Ruthi respondió: "Sí, y se me ha derramado un poco". Miró a su padre con expresión interrogativa.

"Lo mismo me ocurrió el otro día, en casa del abuelo", dijo. "Derramé zumo. Me sentí patoso, pero el abuelo me sonrió y me dio un papel. Es fácil limpiar el líquido."

Ruthi salió de la cocina corriendo y trajo un papel, que dio a su padre. No era el que Adi hubiera empleado para limpiar la leche, pero lo aceptó con una sonrisa y limpió el líquido derramado.

Al reconocer el logro de Ruthi de servirse sola un vaso de leche, Adi la trató del mismo modo que hubiera tratado a un invitado que hubiese derramado la leche accidentalmente. Al admitir su propia torpeza, Adi proporcionó validez sin dejar a Ruthi en evidencia con palabras que expusieran sus sentimientos. Al comprobar que incluso su padre puede cometer acciones torpes en ocasiones, la niña se sintió aliviada. Cuando trajo el papel "equivocado", Adi no la criticó ni optó por otro papel. En el ejemplo, la leche derramada sirvió para fortalecer el vínculo entre padre e hija, y la autoestima y dignidad de la niña permanecieron intactas.

SENTIMIENTO DE ENFADO, PALABRAS DE CARIÑO

En ocasiones, a pesar de nuestra intención de ser cariñosos y amables, lo que podemos sentir hacia el niño es enfado e incluso resentimiento. El detonante no tiene por qué ser nada importante. Todos guardamos recuerdos de dolor y vergüenza que afloran cuando nos vemos ante situaciones semejantes, aunque sea remotamente.

No recordamos necesariamente nada, pero las emociones asociadas con estas experiencias invaden nuestra mente. La fórmula A.P.E.G.O. (Aislarse, Prestar atención, Escuchar, Garantizar la validación y Otorgar poder al niño para resolver la situación) puede emplearse con énfasis especial en el primer paso.

La ira y las reacciones violentas tienden a encubrir otros sentimientos dolorosos. Se trata a menudo de sentimientos de los cuales podemos no ser conscientes a causa del miedo y la incomodidad arraigados en nuestras experiencias pasadas. Si, de niño, aprendió a no mostrarse triste, a no llorar, a no pedir atención y a no expresarse plenamente, es probable que haya usted suprimido estos sentimientos desde hace tiempo. Lo que ocurre en el presente es automático; los sentimientos dolorosos se desvían instantáneamente y la ira ocupa el primer plano porque es mucho más aceptable y le hace sentir menos vulnerable que cuando muestra su tristeza o sus lágrimas.

No obstante, la ira no nos proporciona el alivio que precisamos porque se centra en la culpa. Al centrar nuestra atención fuera de nosotros mismos (culpa) nos impide apreciar los sentimientos que nos hacen más vulnerables. A menos que investiguemos los pensamientos que provocan nuestra ira, seguimos incompletos y con frecuencia más enfadados y más atados a esta posición dolorosa de víctima (culpante).

Piense antes de hacer o decir algo en respuesta a un comportamiento inesperado del niño (aíslese del comportamiento). No diga lo primero que le venga a la cabeza. Se trata de palabras que, muy probablemente, dañarán a su hijo y acrecentarán el enfrentamiento; aunque estas palabras no desaparezcan, aprenderá a verlas como pensamientos, no como verdades. Puede incluso recurrir a la ayuda de su hijo al seguir este proceso. Pídale que le recuerde, "Tómate tu tiempo, mamá" o "Piensa un momento, papá". Puede darle a su hijo una banderita para que la agite como recordatorio. Estos recordatorios acordados le ayudarán a "separar" la conversación consigo mismo de la situación y de su verdadera identidad. Haga caso primero de sus emociones y conseguirá la libertad para centrarse en el niño.

El niño es el estímulo, no la causa de su ira; él no es el responsable de sus emociones. Él ha actuado y se ha abierto en su mente un antiguo programa que le insta a seguir sus dictados. Usted no puede evitar esta respuesta automática; sin embargo sí puede elegir obedecerla o no hacerlo. Puede tanto escucharse como desahogarse en su interior de modo que pueda atender al niño habiéndose librado de estas viejas reacciones. Si al tomarse un tiempo para aislarse, se da cuenta de que los pensamientos que alimentan su ira no le representan a usted tal como es y no se corresponden con el presente, puede que sea capaz simplemente de constatarlos, ignorarlos y concentrarse en su hijo. Más adelante, es posible que desee encontrar a alguien que le escuche, un amigo, tal vez, para completar la investigación de sus pensamientos. Puede también hacerlo solo. Anote cada pensamiento que aliente su ira y compruebe si es válido, cómo le hace sentir y comportarse, y cómo reaccionaría sin él. Luego averigüe si gran parte de sus expectativas o juicio de su hijo puede aplicarlos para su propio crecimiento.

Sea benévolo consigo mismo. La clave consiste en no emitir juicios referentes a sus pensamientos o fantasías; no son la expresión auténtica de su persona ni del padre que desea ser. Tómese un momento para expresarse, sólo mentalmente. Imagínese a sí mismo gritando, azotando, culpando, amenazando, castigando o lo que se le ocurra. Deje pasar toda la "película" mentalmente y luego pregúntese si es representativa del presente y refleja la persona que es usted en realidad. Se alegrará de no haber actuado como en la "película".

Otorgarse la libertad y el amor para dejar que los hechos fluyan mentalmente lleva poco tiempo pero permite recuperar el poder y el amor. Está usted únicamente observando sus pensamientos y desmigando el contenido de su rabia. Si tiene otro minuto, anote estos pensamientos y compruebe si son válidos en la actualidad. Después de seguir este "proceso de la verdad", se sentirá usted mucho más capaz de centrarse en el presente y en la intención inocente del niño. Una madre que siguió mi consejo me confió la siguiente historia:

> *Mientras Wendy dormía la siesta, Emory, de nueve años, decidió darle una sorpresa preparando la lasaña que iban a llevar a una fiesta.*
>
> *Cuando Wendy despertó y entró en la cocina para preparar la lasaña, encontró a Emory cubierto de salsa de tomate frente a un charco de salsa en el suelo, y tofu y queso esparcidos por la encimera. Había una bandeja con los ingredientes que preten-*

dían componer la lasaña pero más bien componían un puré de patata en salsa de tomate.

Wendy iba a estallar. No había tiempo para limpiarlo todo y hacer una lasaña como es debido. Respiró hondo para iniciar el A.P.E.G.O. Se imaginó a sí misma gritando y soltando palabrotas, echando a Emory de la cocina y prohibiéndole ir a la fiesta. Cuando las palabras y fantasías hubieron pasado por su cabeza, centró su atención en Emory. Antes de darle tiempo a decir nada, Emory dijo: "Mamá, he preparado la lasaña. Sólo falta meterla en el horno y recoger la cocina. Puedes dormir un poco más".

Consciente de la buena intención de su hijo, Wendy sonrió y dijo: "Gracias. Menuda sorpresa. ¿Te ayudo a limpiar la cocina?".

Emory aceptó la ayuda de su madre. Wendy vio que la lasaña no tenía tan mal aspecto como le pareció cuando estaba enfadada. Emory se sintió orgulloso y Wendy aprendió una valiosa lección. Madre e hijo pasaron una velada fabulosa juntos.

Wendy no sólo fue capaz de trasladar su atención y ver la acción de su hijo con agrado, sino que permaneciendo en silencio permitió que fuera el niño quien pronunciara las primeras palabras que fueron las que resolvieron la situación. A menudo, cuando nos enfadamos, sacamos conclusiones sin tener en cuenta los hechos ni la intención del niño. Esperar a que el niño inicie la comunicación puede desinflar las velas de la ira y aclarar la situación.

Dominar la situación y ser comprensivo en momentos difíciles resulta más fácil si recordamos que se tarda el mismo tiempo en limpiar lo que ha ensuciado un niño cuando se está enfadado que cuando se está complacido. Cuando le ahorramos al niño las palabras que disparan la culpa, el resentimiento y la vergüenza, hacemos que se sienta valorado y querido. Son estos sentimientos de conexión los que dan sentido al tiempo que pasamos con nuestros hijos para ellos y para nosotros.

PEDIRLE COSAS AL NIÑO

En ocasiones, deseamos pedir al niño algo que necesitamos, como colgar la toalla después de ducharse, poner fin a una llamada telefónica, trasladar el ruido a otra habitación o quitarse las botas embarradas antes de entrar en casa. Las palabras que elijamos en estas situaciones pueden culpar y avergonzar al niño o pueden fomentar la consideración y el cuidado mutuos. Hasta hace poco, la culpa y la vergüenza constituían herramientas de control que no fomentaban el cariño sino que forzaban el cumplimiento por miedo. Frases típicas, como "¿Cuántas veces tengo que repetírtelo?", "¿Qué pasa contigo?", "¡Lo estropeas todo!", "¡Si no… la vamos a tener!", resuenan en la mente de muchas personas desde su juventud.

A veces, el control era más sutil y nos sentíamos obligados, sin saber por qué, como cuando los padres decían: "Jamie es una niña muy buena; ella lo hará". Los padres nos elogiaban cuando satisfacíamos sus necesidades y nos ignoraban cuando no. Nos decían que quererles significaba hacer lo que ellos decían. Nos sobornaban con comida, elogios, cariño, privilegios o regalos y nos manipulaban mediante una variedad de medidas coercitivas. Estos métodos para conseguir nuestra colaboración no implicaban menos control, sólo un control más encubierto. Los niños que estaban sujetos a este tipo de control en general se sentían confundidos por las que aparentaban ser acciones cariñosas y amables que sin embargo les dejaban una sensación de pequeñez, vergüenza y poca autenticidad.

Tras generaciones haciendo por miedo lo que mandaban los padres, finalmente nos atrevemos a tratar a nuestros hijos con la misma dignidad que queremos para nosotros. Poner punto final al viejo concepto de esperar que el niño haga lo que dicen los padres no resulta fácil. Requiere compromiso y práctica sistemática, y autocontrol. Puede resultar útil esperar un minuto antes de pedir al niño que haga algo y preguntarse "¿Cómo le pediría esto a otro adulto?".

Con el nuevo paradigma, los niños no están obligados a satisfacer nuestras necesidades. Son libres de tomar sus propias opciones ante nuestras peticiones, y nosotros hacemos lo que debemos al respetar sus elecciones y cuando somos considerados ante sus limitaciones y sus aspiraciones. Nuestra tarea consiste en comunicarnos con los hijos, como lo haríamos con otros adultos, sin inferir que esperamos que hagan lo que les pedimos. Si nuestra petición no se realiza, tendremos que aceptarlo respetuosamente o bien mostrar nuestra comprensión ante las preferencias del niño y comentar las posibilidades de satisfacer las necesidades de todos o encontrar una solución que nos convenga tanto a nosotros como al niño.

Sus peticiones deben ser auténticas; no finja que hace algo por el bien del niño cuando es por su propio bien. Por ejemplo, es usted quien necesita que la sala esté limpia, no el niño. Usted quiere enseñarle, pero el niño no quiere aprender. La enseñanza prematura es como el nacimiento prematuro, conlleva un precio; ralentiza el proceso de aprendizaje y levanta un muro de desconfianza entre padre e hijo. Confíe en las etapas evolutivas de su hijo, y realice peticiones honestas: "Necesito que la sala esté limpia". Su hijo puede decidir ayudarle o no a limpiar, pero conocerá su preferencia por el orden y finalmente deseará lo mismo para sí (o encontrará a alguien con quien convivir que lo desee, lo cual también está bien).

Conceda la inocencia al niño y piénselo dos veces antes de pedir algo. Si su hijo pequeño entra en casa con los zapatos embarrados y camina por la alfombra, el pequeño no es consciente de que exista ningún problema. Puede simplemente mencionar los hechos: "Llevas barro en los zapatos. Deja que te los quite". Luego, limpie la alfombra.

Cuando nos pongamos a limpiar la alfombra, el niño puede optar por ayudarnos o no. No importa si participa en la limpieza. Forzarle o insistir para que ayude sólo conseguirá provocar sentimientos de fracaso, resentimiento y culpa. Estos sentimientos dolorosos impedirán el desarrollo de un deseo auténtico por ser útil. Por otro lado, al observarnos mientras limpiamos sintiéndose bien consigo mismo, o al marcharse tranquilamente y encontrar la alfombra limpia más tarde, permite al niño interiorizar nuestras preferencias y llevarle finalmente a elegir libremente participar en ellas. Si el niño ofrece su ayuda, permita que se la preste sin criticarle, ayudarle ni volver a limpiar en su presencia. Puede invitarle a que traiga la escoba o le ayude, pero sin mandárselo, para que el niño pueda optar por participar, mirar o marcharse.

Al regañarles, los niños pequeños suelen asustarse tanto ante las emociones intensas expresadas por el padre que ni siquiera captan la naturaleza de lo que se les comunica. Incluso las palabras adecuadas pronunciadas en un tono de voz un poco agresivo, o una culpabilización expresada en un tono cariñoso resultan excesivamente abrumadoras y desvían la atención del niño de la situación. Está demasiado ocupado sintiéndose herido o asustado. Es cuando el niño siente que el curso del amor y de la vida fluyen sin estorbos, y al conservar su dignidad intacta cuando es capaz de ser consciente de los hábitos y necesidades de sus congéneres. No precisa ayuda para aprender a convivir con nosotros; necesita que confiemos en él y que no interfiramos en su proceso de aprendizaje.

Si sólo recurre usted a la A de A.P.E.G.O., el resto seguirá de forma natural. Una vez nos aislamos para investigar nuestra conversación interior o dejamos que pase sin obedecer sus dictados, podemos centrarnos en nuestro hijo en lugar de en nuestras reacciones. Tanto si se realiza una petición como si se reacciona ante un hecho que disgusta, se conectará con el niño y se sabrá cómo actuar.

REBOBINAR

"La fórmula A.P.E.G.O. funciona cuando me acuerdo de aplicarla", dijo un padre dubitativo. "Pero, ¿y si no me acuerdo de aislarme? ¿Y si me sale el enfado?"

Efectivamente, cambiar de hábitos no es fácil y es frecuente caer en los viejos modos de comportamiento. Para pasar de ser "negador" a "validador" hacen falta tiempo y práctica. Empiece prestando atención a sus comentarios negadores sin intentar cambiarlos. No se reprenda a sí mismo por haber negado mentalmente a su hijo o cónyuge. Para desarrollar la amabilidad hay que empezar por uno mismo. Investigue sus pensamientos tras el acontecimiento. Sólo se trata de una voz interior. Deje que se aleje y céntrese en el presente. Investigue su relevancia en esta situación y conseguirá claridad. Imagine cómo se sentiría sin la voz, luego averigüe cómo lo que espera de su hijo se lo puede aplicar a sí mismo, y conseguirá amarse a sí mismo y a su hijo.

Con la práctica, poco a poco aprenderá a detener la voz a media frase y cambiar de dirección. Cuando esto ocurra, puede reconocer su error, "rebobinar" y volver a empezar.

Podemos aprender a repetir las escenas insatisfactorias como si de un ensayo teatral se tratase. Se puede incluso decir al niño: "Rebobino. Voy a repetir la última escena". Con la práctica, le dará tiempo a detener la pronunciación de las palabras negadoras y dirigirse al niño con el corazón y la mente abiertos. Por ejemplo, un padre que asistió a uno de mis seminarios rebobinó su llegada a casa.

> *Norm entró en casa y encontró un desorden de cajas de cartón rotas y ceras rotas y esparcidas por el suelo. Empezó a quejarse y a exigir a los niños que lo limpiaran de inmediato. La pequeña, Miranda, empezó a llorar mientras su hermano mayor, Leon, decía: "Pero, papá, estamos en mitad de un juego".*
>
> *"Destrozar cajas de cartón y ceras de colores no es un juego", gritó Norm... y, de repente, se detuvo y dijo: "Rebobino. Dejadme volver a empezar".*
>
> *Teatralmente, Norm caminó marcha atrás y salió de casa. Luego volvió a entrar con una sonrisa: "Hola niños, ¿qué tal el día?". Besó a sus hijos y a su esposa y continuó "¡Vaya! ¿A qué estáis jugando?". Los niños corrieron a explicarle su juego al restaurarse el cariño y el interés.*

Se requiere tiempo y paciencia para perfeccionar este tipo de conciencia. Todos hemos crecido en una cultura en que la negación es automática y que nos ha enseñado a identificarnos con las palabras automáticas que genera nuestra mente. Negamos tan inconscientemente que ni siquiera lo hacemos en representación de lo que pensamos o sentimos; no somos auténticos. Pese a todo, no sirve de nada juzgarse a sí mismo por tener los pensamientos que se tienen. Uno está autoeducándose; hay que ser bueno consigo mismo. Establezca un acuerdo consigo: cuando esté molesto no diga las primeras palabras que se le ocurran; negarían o herirían a alguien. Se puede "rebobinar" aunque se esté ya en plena escena, o incluso al final. Nunca es tarde para despertar de una pesadilla.

Captar la conversación negadora que tiene lugar en su mente es el primer paso para transformarse en un comunicador que valida y es amable. Puede que el proceso le lleve algunos meses y que sólo detecte las palabras negativas de vez en cuando, pero al final conseguirá sustituir el viejo hábito de perder el control y de permitir que las viejas películas dirijan su vida.

Si alguna vez ha tenido que practicar un idioma, tocar un instrumento musical u otra habilidad dificultosa, ya sabe que se requiere un tiempo y mucha repetición para perfeccionar cualquier técnica. La práctica no hace al maestro, la práctica fija los comportamientos. Sus viejos hábitos llegaron a serlo tras mucha práctica en el pasado. Explíqueselo a su hijo: "Esto es nuevo para mí. Estoy aprendiendo".

VALIDAR LA COMUNICACIÓN NO EXPRESADA

A diario surgen oportunidades para validar a un niño quejoso, agresivo u hosco reticente a compartir sus sentimientos en forma de palabras. En una sesión de asesoramiento, Rebecca, una madre, me explicó su éxito al conectar con su hijo.

> *Rebecca observó que su hijo Josh se mostraba malhumorado al salir del colegio y dijo: "No sé có-*

mo te va a ti, pero cuando yo iba a quinto no me gustaba para nada mi maestra y no tenía amigos. Para mí fue un mal curso". Josh se animó, hizo algunas preguntas y luego dijo: "El maestro me riñó y entonces Rob y Dan me hicieron muecas y no jugaron conmigo en el recreo".

Rebecca puso cuidado para no preguntar por qué el maestro había reñido a Josh y para no mencionar emociones. En lugar de ello, siguió validando la experiencia de su hijo de modo neutral: "¡Menuda lata!". Josh notaba que su madre le comprendía por lo que prosiguió: "Odio a ese maestro. Nada de lo que hago le parece bien".

"¿Hiciste lo que pudiste y aún así te riñó y te criticó?", preguntó Rebecca.

"Sí", contestó Josh, "y cuando hace esto, mis amigos se ríen de mí. Odio el colegio."

Rebecca se sentó junto a Josh y le puso la mano sobre el hombro. Su gesto acercó a Josh a sus propios sentimientos. Lloró mientras le explicaba a su madre más detalles de aquella experiencia y otras historias de agonía del colegio y de la relación con su hermana. Se sintió mucho mejor después de hacerlo, y madre e hijo estaban más unidos y listos para buscar soluciones productivas.

En los dos meses siguientes la familia exploró la posibilidad de que Josh siguiera su escolarización en casa. Josh quiso acabar el curso pero al año siguiente eligió seguir sus estudios fuera del colegio.

A los niños les ayuda saber que sus padres también han experimentado el rechazo, la soledad, el miedo y el fracaso. Un padre empezó a compartir recuerdos de su infancia con su hijo. Al cabo de una semana, el chico empezó a abrirse.

Los niños siempre se comunican, incluso cuando no utilizan palabras para ello. Algunos niños representan sus miedos en juegos imaginarios. O sus miedos pueden presentárseles en forma de rivalidad fraternal, enuresis, incapacidad de concentración o tendencia a estar malhumorados o agresivos. Otros niños reaccionan encerrándose en sí mismos, retirándose a su habitación y pasando mucho tiempo perdidos en conclusiones dolorosas. Es fácil pasar por alto el hecho de que pueden experimentar emociones tan intensas como un hermano quejoso que se expresa llorando o golpeando.

Ambos necesitan expresar sus sentimientos con el fin de no quedar bloqueados en ellos. Cuando no se expresan las emociones, la mente tiende a exagerar la historia y convertirla en un drama que a menudo dificulta la libertad emocional durante toda la vida. (Observe que para cada tipo de situación que nos hace sentir miedo u otro tipo de limitación tenemos una historia relacionada con ello que se remonta a nuestro pasado.) En capítulos siguientes aprenderá a proporcionar a su hijo oportunidades productivas para liberar sentimientos de indefensión y otras aflicciones. El presente capítulo se centra en las maneras de crear una conexión y facilitar la expresión de las emociones dolorosas.

COMUNICAR PÉRDIDAS

Cuando ocurren sucesos invariables (muerte, divorcio o enfermedad) la comunicación abierta es el aspecto más importante de la recuperación. Cuando un niño se siente solo, el impacto es duradero y doloroso porque se identificará con el dolor y su vida girará en torno a él. El niño necesita saber que es bueno que sienta lo que siente y que tenga las fantasías que tiene; al expresar estos sentimientos también descubrirá que no constituyen su identidad. Entonces podrá diferenciar su verdadera naturaleza del proceso mental que le causa el dolor.

No hay necesidad de proteger a un niño de daños inevitables, pero sí es necesario mantener la comunicación de sus experiencias. Una madre me explicó que tenía planeado informar a su hija de tres años de que el gato se había muerto sólo cuando le hubiera comprado otro gato. Tras una sesión conmigo, cambió su plan y le dijo aquel mismo día que el gato se había muerto. Escuchó los sentimientos de su hija y le sorprendió descubrir que a la niña no le interesaba tener otro gato.

Dedique tiempo a hablar cada día de nuevas realidades. Comparta recuerdos y enseñe al niño que llorar, recordar y hablar de los sentimientos es algo normal y una manera saludable de enfrentarse al dolor intenso. Cuando el niño expresa su angustia mediante el juego, la expresión física o el arte, asegúrese de recibir y validar la comunicación. No obstante, es importante no añadir dramatismo, de modo que el pequeño pueda decidir con libertad cuándo está listo para seguir adelante.

CÓMO EXPRESAR ARREPENTIMIENTO PARA QUE EL NIÑO SE SIENTA ALIVIADO

El niño, como el adulto, no queda satisfecho con un “Lo siento”. Quiere que se le demuestre que se comprende exactamente lo que le ha ocurrido, como: “Estabas jugando en el agua y han cerrado la piscina. No querías salir y yo te he sacado del agua”. Después de escuchar su versión de la historia, pida al niño cómo quiere que proceda usted la próxima vez en la misma situación.

A veces, los padres se disculpan aunque no haya un motivo. Dicen, por ejemplo: "Lo siento, pero no puedes comerte un caramelo". Al niño le parece que si papá lo "sintiera" o si estuviera "triste", no insistiría en prohibir el caramelo. Este mensaje lleva a confusión; en cambio, si se es auténtico, se es claro con el niño. En lugar de decirle lo que puede y lo que no puede hacer, que suena a control y a negación, exprésese haciendo evidente su elección: "No quiero que comas este caramelo porque no es saludable". Cuando nuestra comunicación es clara, resulta más fácil para el niño aceptarla o hacer peticiones claras: "¿Puedo comer uno que sea saludable?".

Queremos reconocer cuándo nos arrepentimos de nuestras acciones o palabras, pero al decir: "Siento haberte herido", nos hacemos responsables de las emociones del niño. Aunque nos arrepintamos de lo hecho y nos demos cuenta de haber provocado dolor, debemos permitir al niño ejercer el digno derecho de ser el único autor de sus sentimientos. Además, cuando damos a entender que hemos provocado sus sentimientos, insinuamos que el niño es débil y no está al mando de sus propias emociones. Entonces aprende a identificarse como víctima y a culpar a los demás por sus emociones.

Evidentemente, el niño tiene poco control sobre sus reacciones, si bien él es la fuente de sus sentimientos y acciones. Cuando al hablar dejamos patente el hecho de que sus sentimientos son suyos, el niño desarrolla resistencia emocional y dispondrá de más opciones y control sobre sus reacciones.

Para evitar plantar sentimientos en el niño, hay que dejar que inicie él sus reacciones.

> *Una madre me explicó su consternación por la reacción de su hijo ante lo que ella pensó que era una calamidad. El padre del chico eliminó un documento*

que el niño había redactado en el ordenador, diciendo: "No tenía título". Sabía que era una redacción que el niño estaba escribiendo. Se enfadó porque el documento no estaba bien archivado y pensó que si lo eliminaba daría una lección a su hijo.

Al descubrir que su redacción había desaparecido, el niño expresó su sorpresa pero no se enfadó con su padre. Su madre estaba enfurecida: "¿No quisieras que tu padre al menos se disculpara?".

El chico estaba tranquilo. "No. Da igual. Volveré a escribirla y lo haré mejor."

"Pero, ¿no estás furioso?", insistió ella.

"Sólo el primer momento", dijo el niño. "Pero entonces me he dado cuenta de que no sirve de nada enfadarse porque no va a cambiar las cosas, por eso creo que al final es algo bueno."

Al día siguiente, el padre le dijo: "Cometí un error eliminando tu redacción. A partir de ahora no eliminaré un documento tuyo sin preguntarte antes".

El chico quedó satisfecho.

Al darse cuenta de que sus palabras o acciones provocan sentimientos intensos y al querer deshacer el mal infligido, hay que reconocer lo sucedido y averiguar los sentimientos del niño. Hay que hablar clara y directamente: "Te he gritado. Ojalá no lo hubiera hecho". Evite palabras exageradas para que el niño tenga la libertad de ser fiel a sí mismo. Preste atención y deje que el niño averigüe cómo se siente. Si habla, escuche y valide, pero no dramatice. Si no se expresa verbalmente, puede demostrar cómo se siente mediante una muñeca, una representación, un dibujo o sentándose tranquilamente en su regazo. Cuando el niño termine, puede usted expresar sus sentimientos de manera sencilla: "Estoy triste porque quiero que nuestra relación sea de aprecio y respeto". Luego elabore un plan para mejorar el futuro y expóngaselo.

Cuando se evita hacerse responsable de los sentimientos del niño, se puede cometer el error de decir: "Me sabe mal que te sientas así". Esta frase puede significar que usted no ha hecho nada malo y es únicamente el niño quien ha reaccionado "de forma equivocada". El resultado suele ser la rabia. Describa meramente lo sucedido y el niño podrá confiar en usted y saber que usted se preocupa por él.

A veces puede parecer que usted ha hecho lo correcto y no tiene nada que reconocer. Sin embargo, la molestia de su hijo es la prueba de que hace falta comunicación. No se arrepiente usted de haberle arrancado de la calzada, pero si el niño se ha asustado, puede usted restablecer la confianza entre ambos reconociendo su acción súbita y escuchando lo que el niño tiene que decir acerca de la experiencia.

Admitir nuestros errores no significa ponerlos a juicio; no se trata de si se ha hecho bien o mal. Si el niño está dolido, su sentimiento es su experiencia real. Si usted lamenta sus palabras o acciones, sus sentimientos son igual de válidos. El objetivo consiste en establecer una conexión entre ambos, favorecer la claridad y reconstruir el puente de la confianza.

> *Jessie, de cinco años, se acercó a su madre, llorando. Le dijo que su hermano, David, de doce años, había roto su coche Lego®. Jessie no sabía cómo arreglar el coche y David se negaba a ayudarle. Linda entró en la habitación y regañó a David, que acabó enfurruñado.*
>
> *Cuando Linda me llamó me dijo que tenía razón y no tenía nada de qué disculparse. No obstan-*

te, tras considerar que había herido los sentimientos de David, se dio cuenta de que hay mejores maneras de expresarse y que lo que quería era conectar con David para saber cuál era su versión.

En la siguiente sesión me explicó su conversación con David.

LINDA: *David, he tenido una conversación con Naomi sobre lo que ocurrió ayer y me he dado cuenta de que debería haber prestado atención a tus necesidades. Dime, ¿qué sentiste cuando te reñí?*

DAVID: *Ah, nada.*

LINDA: *¿Sentiste frustración cuando te acusé de ser poco considerado y todo lo demás?*

DAVID: *Tal vez. Pero ya no me importa.*

LINDA: *Estoy de acuerdo. He tardado demasiado. Pero quiero que sepas que lamento las palabras que empleé y desearía haberte preguntado lo que sentías tú.*

DAVID: *Ya, ya.*

LINDA: *Me parece que no crees que me importe demasiado.*

DAVID: *Pues sí.*

LINDA *reflexionó un segundo, luego prosiguió: Me siento mal porque para mí es importante escucharte.*

DAVID *permanecía callado.*

LINDA: *¿Querrías ayudarme a comprender cómo te sentiste?*

DAVID: *Vale.*

LINDA: *Cuando Jessie vino a mí llorando, ¿te enfureciste?*

DAVID: Sí, mucho. Es un llorica y nunca dice lo que él ha hecho. Y le crees a él porque llora.

LINDA: Entonces, te enfadaste y hubieras querido que yo averiguase lo que había ocurrido.

DAVID: Sí, o al menos que no hubieses intervenido. Jessie cogió unas piezas de Lego® de mi nave espacial para construir el camión con que jugaba. Le pedí que me las devolviera y le dije que le construiría otro camión con otras piezas.

LINDA: David, comprendo lo furioso que debiste ponerte cuando me puse de parte de Jessie y te juzgué sin siquiera saber lo ocurrido.

Me siento aliviada ahora que me has contado esto. La próxima vez sólo validaré los sentimientos de Jessie y dejaré que solucionéis vosotros el asunto.

DAVID: Eso estaría bien, mamá.

LINDA: Y si necesitáis ayuda para resolver una disputa, os escucharé a los dos y os ayudaré a encontrar una solución. ¿Me lo recordarás si me olvido?

DAVID: Bueno, me gustaría no tener que hacerlo, pero vale.

LINDA: Me esforzaré por recordarlo sin ayuda.

Si Linda sólo hubiese dicho: "Siento haberte regañado ayer por lo del Lego®", David no se lo hubiera creído, con razón. Se habría enfadado incluso más. "Cree que diciendo 'Lo siento' queda todo arreglado. Pues no, siempre le protege a él." Y así, se añadirían capítulos a su historia vital acerca de no ser tan querido como su hermano. En lugar de una disculpa, la resolución que Linda inició unió a madre e hijo en la comprensión y la conexión, y el drama de David se disolvió.

Algunos padres esperan una “disculpa” del niño y juzgan cuando no es sincera. *Sea siempre dueño únicamente de sí mismo*, actúe desde el cariño y aprenda a apreciar a su hijo sea cual sea su grado de capacidad, disposición y desarrollo. Cuando sepa que su hijo puede estar albergando un sentimiento de culpa y no se atreva a conectar con usted, puede aligerar su carga sacando el tema y resolviéndolo. “¿Estás incómodo por la llave perdida?” Escuche y luego explique: “Voy a hacer una copia y estoy seguro de que la vieja aparecerá en algún momento. Yo también pierdo cosas. Es algo que puede ocurrirle a cualquiera”. Un abrazo u otra expresión de cariño aliviará la tensión y resolverá la situación.

CUANDO SALE EL TIRO DE LA COMUNICACIÓN POR LA CULATA

En ocasiones, parece que validamos y prestamos atención, y sin embargo el niño parece hundirse más con nuestras palabras. Hay algunos errores que pueden provocar el resentimiento o aislamiento del niño en lugar de la validación y el cariño. No podemos aferrarnos a fórmulas rígidas; debemos desarrollar nuestra sensibilidad ante el carácter del niño y un sentido del respeto y aprecio de la persona que el niño es a cada momento.

La tendencia humana a convertir cualquier idea en una herramienta de control es algo que debemos evitar constantemente. Cualquier enfoque comunicativo puede convertirse en un dispositivo de control. Podemos usar la validación para tener el control; podemos manipular con su uso; podemos incluso ser irrespetuosos al emplear estas habilidades comunicativas y desencadenar la rabia del niño. Los niños notan cuándo se les manipula aunque no sean capaces de explicar con claridad su incomodidad.

Si usted ni siquiera sabe por qué sus palabras le apartan de su hijo, recuerde que las personas se sienten insultadas cuando notan que otra persona controla sus sentimientos y comportamiento. Desean defender su autonomía. Mantenga intacta la dignidad del niño no pretendiendo que sea de un modo específico. Comunique con cariño por su bien, y no espere nada a cambio, de modo que el niño sea libre de sentir y ser quien es, a su manera. Es posible que exprese rabia o se eche a reír. Que permanezca sosegado o angustiado. Que se exprese o que no lo haga. Cuando no se tiene otro objetivo que conectar con el niño, y cuando no se juzga su modo de expresión, es menos probable que se le trate con condescendencia y control y es más probable que se sea auténtico y amable.

El error más común es insultar al niño afirmando (en lugar de preguntando) sus sentimientos: el niño yerra por casa abatido y usted le dice: "Debes de sentirte solo ahora que tu amigo se ha ido de vacaciones". Es posible que esté en lo cierto, pero el hecho de anunciar un sentimiento puede percibirse como condescendiente.

En lugar de ello, puede preguntar al niño: "¿Puedo preguntarte algo?". Si la respuesta es afirmativa y el niño espera su iniciativa, puede preguntarle acerca de un hecho basándose en su observación: "Me he fijado en que andas en silencio arriba y abajo. ¿Te preocupa algo? ¿Quieres hablar de ello?". Los niños necesitan saber que su mundo interior, sus pensamientos y sentimientos, no son el objetivo de los comentarios de sus padres. Se le puede facilitar que hable de ellos, si bien la decisión de hacerlo o no es del niño.

Si el niño desea compartir su soledad, su tristeza o lo que sea con usted, lo hará si sabe que a usted le importa y que escuchará y validará sus sentimientos sin aconsejarle ni criticarle. Si se siente seguro en su presencia, acabará hablándole de lo que le preocupa. Usted puede hacerle saber que está disponible mostrando interés y ofreciéndose para escucharle: "Puedo dedicarte tiempo y escucharte después de la cena".

Si se trata de un enfoque nuevo para usted, y el niño hace un tiempo que alberga sentimientos dolorosos sin expresar, puede que necesite la ayuda de un asesor para sanear la relación. Los sentimientos de dolor o rabia que se albergan y no se sacan dificultan el bienestar emocional, intelectual y físico del niño. Usted puede también acercarse a su hijo realizando un proceso diario de investigación de sus propios pensamientos perturbadores. Anótelos y luego pase a la fase A de A.P.E.G.O. Compruebe la validez o relevancia del pensamiento a la luz de la realidad; observe cómo se siente y actúa cuando obedece este pensamiento. Imagínese a sí mismo sin este pensamiento, en la misma situación, y escuche su propia enseñanza aplicada a usted. Cuando, con esta investigación, descubra los errores que ha cometido, tendrá la oportunidad de pedir perdón y enmendar las cosas, lo cual devolverá la confianza que mediaba entre usted y su hijo.

Otro obstáculo es nuestra tendencia a pensar que sabemos lo que conviene al niño. Necesitamos confiar completamente en nuestros hijos y asumir que cuando se ven amados, valorados, con el poder y la libertad de expresar sus sentimientos y pensamientos, cuidarán de sí mismos y comunicarán sus necesidades óptimamente. Si tratamos a los niños como si fueran adultos, la probabilidad de que creamos saber lo que necesitan será menor. Con los amigos nos mostramos cariñosos sin esperar que cambien por nosotros, y no les hablamos con el fin de controlarles.

Haremos bien tratando a los niños con dignidad, respetando sus limitaciones y alineándonos con sus objetivos. Podemos escuchar sus sentimientos al mismo tiempo que les otorgamos el poder para actuar libres de sus limitaciones. Por ejemplo, cuando teme abrirse, el niño necesita expresarse para luego tener la libertad de abrirse. Cuando usted escucha sus miedos y dudas, no se una a sus sentimientos; en lugar de hacerlo, téngale presente en su mente abriéndose. Usted le permite dar salida a sus emociones para que pueda salir adelante reforzado a pesar de sus preocupaciones o elegir no abrirse libremente y no por miedo.

A medida que desarrolle sus habilidades comunicativas, evite la tendencia a juzgar las de los demás. Puede sentir la tentación de criticar a su cónyuge, un amigo o a su hijo por no comunicarse "como es debido". Los padres en especial tienden a evaluarse mutuamente y a sus hijos quejándose de su falta de amabilidad o acusándose: "No estás validando", "No estás expresando un sentimiento", "Estás juzgando" o "Esto es negación".

Las palabras enjuiciantes nos separan de los seres queridos. No enseñe a nadie más que a sí mismo. Cuando su cónyuge, familiar o hijo le juzgue o le menosprecie, exprésese de forma auténtica diciéndole cómo se siente o adivinando sus sentimientos inexpresados. Por ejemplo, cuando un niño dice de su hermana "es una mentirosa", puede usted hacerle una pregunta validadora como "¿Quieres tú decir lo que sabes sobre lo ocurrido?".

Cuando hay que reprobar una acción inaceptable, el juicio tampoco es necesario. Hable personalmente de sí mismo, no mediante eslóganes sobre el bien y el mal. Por ejemplo, decir "Robar no está bien" seguramente no alentará el remordimiento; en lugar de ello, el niño sentirá vergüenza y alienación. Por el contrario, al decir: "Al descubrir que te habías llevado caramelos de la tienda sin pagarlos, me entristeció y me preocupó", sus palabras de vulnerabilidad probablemente llegarán al adolescente y le invitarán a hablar de los motivos de sus acciones desesperadas.

A muchas personas les preocupa que este enfoque les prive del derecho a defender sus valores morales. Al contrario, uno expresa sus valores con mayor fuerza al hacerlo con palabras personales. Al acusar con el dedo y restregar por la cara del acusado lo correcto y lo incorrecto, sólo se consigue perderle; no nos escuchará. Al mostrarnos vulnerables, el niño, pareja o amigo no se siente amenazado sino conectado y conmovido por nuestra comunicación.

INTRODUCCIÓN A LAS CINCO NECESIDADES PRIMARIAS DE LOS NIÑOS

Comprender el comportamiento de su hijo

"No existe un buen y un mal comportamiento. La única elección significativa es entre el miedo y el amor."
- Dr. Gerald Jampolsky

Los padres a menudo me llaman porque están desconcertados ante el comportamiento de sus hijos. Desean reaccionar con rapidez pero se ven incapaces. Muchos padres ya saben cómo comunicarse con cariño, pero afirman que no consiguen poner en práctica sus conocimientos.

Lo que nos impide comprender al niño y saber cómo reaccionar es nuestro diálogo interior. Las acciones del niño no son ni malas ni buenas; son simplemente expresiones de sus necesidades emocionales o físicas o bien juego inocente. No obstante, nuestra mente evalúa rápidamente las acciones del niño y reaccionamos no ante las mismas, sino ante nuestra interpretación de las mismas.

Reaccionar a una petición clara relacionada con las necesidades físicas como el sueño, la alimentación o el abrigo parece fácil. Sin embargo, cuando las necesidades del niño son emocionales o cuando se expresa de forma que choca con nuestras preferencias, es posible que experimentemos reacciones que pueden ir de la confusión y la rabia a la impotencia y el desespero. Estas reacciones no son auténticas en el sentido de que son viejos pensamientos y no una respuesta directa al niño; nos impiden ver con claridad a nuestro hijo tal como es en el presente. Estos pensamientos están arraigados en nuestro pasado y se proyectan hacia nuestro futuro, normalmente en forma de miedos sobre el desarrollo del niño o sobre nuestra imagen como padres.

En otras palabras, solemos malinterpretar al niño porque estamos demasiado ocupados escuchando la respuesta automática que se genera en nuestro interior. Nuestra mente pone discos viejos, y como seres humanos, estamos diseñados para identificarnos con esta voz interior. Obedecemos a esa voz que suena automáticamente en nuestra cabeza aunque no esté en armonía con quienes deseamos ser ni quienes realmente somos.

Reaccionar con sabiduría y amor se consigue cuando estamos completamente presentes y libres de las voces interiores. El amor sólo puede experimentarse en el presente. Si pudiera mostrarse presente ante su hijo no necesitaría usted este libro ni ningún otro. Es sólo nuestra mente la que envía mensajes complicados. Por ejemplo, un niño pequeño puede tirar de un muñeco que sujeta la mano de su hermano bebé. El padre puede oír su voz interior que le dice que es una acción cruel o de mala educación, pero el niño está actuando inocentemente. O bien está jugando, o necesita el juguete y todavía no reconoce la humanidad del bebé, o le gusta la reacción del bebé, o desea la atención de papá. Cuando se contempla al niño sin etiquetarle ni analizarle, se puede responder eficaz y pacíficamente, como ilustran los numerosos ejemplos que encontrará en los cinco capítulos siguientes.

Cuando las acciones del niño provocan irritación, enfado o dolor, se puede sentir la tentación de eliminar el comportamiento. Pero es algo que no funciona e incluso cuando se elimina el comportamiento (mediante el miedo), surgirá otro en su lugar para representar la misma necesidad no satisfecha. El niño es su maestro; cuando se deshace de su lección deteniéndole, ambos salen perdiendo. Si, en cambio, se investigan los pensamientos que provocan la negación, como se ha aprendido en el Capítulo 1, se crece emocionalmente y se es capaz de responder al niño en lugar de reaccionar. Darse cuenta de que el niño está expresando una necesidad puede servir para modificar nuestro propósito de modo que ya no sea detener la expresión del niño sino responder a sus necesidades. Al detener la expresión del niño, seguimos encallados en nuestras viejas heridas y no le comprendemos. En cambio, cuando identificamos nuestros pensamientos reactivos como viejas grabaciones y ahondamos en ellos para encontrar validación, podemos aprender cómo funciona nuestra mente y ver al niño con claridad en el momento presente.

Es decir, el mayor obstáculo para comprender al niño es que tomamos nuestras opiniones y pensamientos reactivos como la verdad o como guías útiles. A medida que lea los capítulos que siguen, aprenderá diferentes maneras de distinguir la orientación cariñosa (centrada en el niño) de sus reacciones (centradas en usted). La distinción clara entre ambas se traduce en el resultado: la orientación cariñosa conduce a soluciones pacíficas y conexiones sinceras con el niño, mientras que las reacciones conducen a la lucha, la rabia y la desconexión.

Con frecuencia las acciones del niño representan la satisfacción de sus necesidades, como cuando necesita correr y correr, imitar los sonidos de un mono o convertir el baño en una selva tropical. Comprender su intención permite dejarle hacer o proporcionarle una opción que no interfiera con sus preferencias o con el bienestar de los demás. Lo que impide querer y comprender al niño es nuestro diálogo interior sobre el miedo a perder el control, a que el niño no se desarrolle correctamente, u otros dramas o expectativas producto de nuestra mente.

Cuando nos centramos en el niño, nos resulta más fácil reaccionar con cariño. Las cinco necesidades emocionales básicas que impulsan el lenguaje emocional del pequeño son:

- Amor
- Libertad de expresión
- Seguridad emocional
- Autonomía y poder
- Autoestima

Cuando se satisfacen sistemáticamente, estas experiencias forman una sólida base sobre la que el niño puede ejercitar su potencial y vivir con fuerza y satisfacción. Dicho de otro modo, un niño que se siente seguro de tener el amor de sus padres, que se siente valorado, autónomo y seguro para expresarse plenamente, se desarrollará en conexión consigo mismo y con los padres. En cambio, los niños presentan dificultades de comportamiento y aprendizaje, y otros desórdenes cuando se sienten emocionalmente inseguros, desamparados o solos.

Los capítulos siguientes ofrecen una visión de los comportamientos con que los adolescentes, niños y bebés comunican estas cinco necesidades básicas, y formas enriquecedoras de reaccionar ante ellos.

Capítulo 2

Amor

No regamos una flor si se abre;
la regamos para que se abra.

Querer a un niño no garantiza que él se sienta querido. Cuando el niño no es consciente del amor que se le tiene, puede sentirse inseguro, incapaz de expresarse o indefenso. Puede también recurrir a comportamientos destructivos o ser obediente y suprimir su auténtica personalidad para conseguir la aprobación de los padres. Las razones para no sentirse conectado con nosotros pueden ser que no expresemos nuestro amor de forma que el niño lo perciba, que se sienta menos valorado que un hermano o que se le dé amor condicional.

No regamos una flor si se abre; la regamos para que se abra. Del mismo modo, el niño necesita sentirse seguro con nuestro amor para poder florecer. En cambio, cuando el amor se emplea para controlarle, acaba dudando de él. Por ejemplo, si su padre expresaba su amor por usted sólo cuando usted se portaba bien o traía buenas notas, es posible que se preguntara usted si en el fondo le quería. El niño no está para ser evaluado y luego recompensado con amor. Todo niño nace siendo merecedor de cariño. Y el amor sólo es amor cuando es incondicional.

En ocasiones, los padres confunden el hecho de querer al niño con el de dejarle hacer lo que le apetezca. Nadie puede hacer todo lo que le apetezca siempre. Por ejemplo, no podemos conducir como desearíamos; a veces debemos pararnos cuando querríamos seguir. La consideración de las necesidades de los demás limita nuestra libertad además de protegerla. Esto no tiene nada que ver con el amor. Moldear el mundo para que se adapte a los caprichos de un niño puede dificultar su desarrollo natural y su resistencia emocional. El niño nace en un mundo real y en una comunidad social. Desea formar parte y pertenecer a la red social de familiares y amigos. Trátele como un igual, si bien respetando sus limitaciones. Puede no ser capaz de esperar o compartir todavía, pero esto no significa que pueda poner la casa patas arriba, conseguir todos los juguetes ni tirarle del pelo. Amarle, por tanto, es encontrar el camino respetuoso para satisfacer sus necesidades y ser empático y proporcionarle poder cuando la vida no le conceda todo lo que desea.

El otro aspecto de querer al niño es aceptar su singular manera de expresar el cariño. El niño necesita expresar el amor que debemos recibir aunque se nos moleste. Puede enfadarse cuando el niño encharca el suelo del baño, pero tal vez lo limpie para expresar su amor hacia usted. Acuérdese de Winnie The Pooh cuando piense que el niño se comporta de modo destructivo: a Winnie, la casa de Eeyore le parecía un montón de leña, por lo que la desmontó para construirle una casa a su amigo.

Tanto dar como recibir amor deben ser acciones incondicionales. Si el niño tiene que comportarse para que le quieran y si tiene que calibrar con cuidado sus expresiones de cariño, se angustia y duda de su valía. Esta lucha por el amor se convierte en una carrera sin fin para agradar o cubrir las expectativas de los demás, una carrera que nunca satisface a la persona porque se siente poco valorada en todo momento excepto cuando demuestra que tiene razón o cuando complace a alguien. Esta es la esencia de la baja autoestima. Nos sentimos inseguros cuando tememos que nuestro comportamiento puede no proporcionarnos la aceptación que tanto anhelamos. Un intenso deseo de estar a la altura es el resultado de vernos inferiores y sentirnos queridos sólo cuando lo conseguimos.

No es que nuestros padres no nos quisieran, pero en muchos casos, la libertad de expresar amor incondicional se veía dificultada por normas culturales y por el dolor no resuelto de su propia educación. Muchos de ellos nunca experimentaron amor incondicional ni siquiera aunque sus padres les quisieran plenamente. Al enfrentarse a sus propios hijos, estos padres pueden darse cuenta con dolor de que no son capaces de dar lo que ellos no tuvieron. Efectivamente, muchos de nosotros crecimos temiendo que si no hacíamos lo que nuestros padres mandaban, no nos querrían, un sentimiento que nadie desea transmitir a sus hijos. En lugar de ello, queremos adoptar la actitud expresada por Mary Haskell en una carta de amor destinada al poeta Kahlil Gibran: "*Sea lo que sea en lo que te conviertas, no me decepcionarás; no tengo preconcepciones. No deseo predecir en lo que te convertirás, sólo deseo descubrirte. No me decepcionarás.*"[1]

Cuando el niño no duda del amor y admiración que despierta, su satisfacción es la base sobre la que logrará todo lo que se proponga. Será capaz de actuar de forma auténtica, libre de preocupaciones acerca de su aprobación, y cuando quiera complacerle, hará algo para satisfacer las necesidades de los padres (no la suya propia de logro); no colaborará para conseguir su amor, sino movido por el amor que él siente.

Para comprender cómo garantizar que el niño note que se le quiere, hay que evitar emplear el amor como un producto que se da o se quita a cambio de un comportamiento o un logro. El amor es el contexto en el cual se encuentra el niño para que se sienta libre de ser quien es. Sus elecciones y comportamientos no afectan al contexto de cariño, y las soluciones a las dificultades se encuentran dentro del contexto.

Amar a su hijo es ver su magnificencia y valorar su punto de vista. No es que se ame el desorden que ha montado ni el hecho de que haya pegado a su hermana, pero cuando se llega a estas situaciones en un contexto de amor presente (no reproduciendo los viejos discos), se ve su necesidad y se dice: "Qué diversión, esparcir los garbanzos por la mesa", o "Veo que estás enfadado con tu hermana. ¿Me enseñas (o me dices) lo enfadado que estás?", mientras se le aparta de su hermana y se le ayuda a encontrar soluciones productivas a su dilema. Usted ama sus elecciones y dirección sencillamente porque le quiere a él, lo cual le ayuda a sintonizar con su identidad y ofrecer soluciones. Acallar sus voces interiores y estar presente le ayudará a llegar a su propia sabiduría y amor. Observe lo que dice su mente; investíguelo como se indica en el Capítulo 1, luego vuelva al presente con su hijo.

EL AMOR NO ES UNA RECOMPENSA

A los padres con frecuencia les confunde la idea de expresar amor hacia un niño que actúa con agresividad; aún así, al hacerlo, se descubre que la agresión del niño es su petición de amor o atención hacia una necesidad no satisfecha. Su amor es, por tanto, la mejor respuesta a su enfado. El niño no controla la expresión de sus sentimientos (del mismo modo que no lo hace un adulto que grita o pronuncia palabras que hacen daño).

El niño agresivo no percibe que se le recompense con amor. En lugar de ello, siente alivio porque se le comprende y los padres se preocupan por él, lo cual le ayudará a resolver su angustia. Al detener sus actos y ofrecerle su amor y atención, le da al niño las herramientas para una conexión apacible. Cuando los niños se sienten seguros con amor de sus padres, resulta difícil provocarles para que hagan daño a otra persona.

Amamos al niño, no sus logros ni su comportamiento. El amor es un contexto que lo inunda todo. Si estamos disgustados con el niño, todo lo que debemos hacer es "aplicar" amor y volverá a complacernos (aunque debamos negar su elección). Para conseguirlo, hay que investigar los propios pensamientos (A de A.P.E.G.O.) para poder estar presente. Nuestros pensamientos no son nosotros. Vienen y se van sin que uno pueda controlarlos. No son la verdad; si usted hubiera crecido en otro lugar, tendría otros pensamientos. Averigüe si sus ideas fomentan o dificultan su amor. Más avanzado el capítulo, encontrará ejemplos para observar los pensamientos que interfieren con el amor.

Usted sabe que quiere a su hijo; por lo tanto, si sus palabras o acciones no son cariñosas, no está usted siendo fiel a sí mismo. Cuando encuentra soluciones dentro del contexto del amor, son soluciones que satisfacen las necesidades y respetan la dignidad de todos. La vieja creencia de que se daña por amor es otro pensamiento que justifica el hecho de herir al niño. Con la excepción de aquellos casos raros en que la seguridad del niño está en juego y hay que intervenir por fuerza (tirar de él para apartarle de la calzada), el amor no hiere sino que quiere.

Si nos hubieran apreciado incondicionalmente de niños, no necesitaríamos aprender cómo querer. No conoceríamos otra manera de proceder con nuestros hijos. Es nuestro dolor y miedo personal lo que interfiere e impide que amemos incondicionalmente.

Nuestra experiencia de la carencia es una de las razones por las que tememos dar. Tal vez temamos que el niño dé por sentado nuestro amor y se aproveche de nosotros. Tal vez nos sintamos vulnerables al dar en abundancia. Este es el mismo miedo que pudo haber frenado a sus padres al demostrarle su amor incondicionalmente. (Veremos en este capítulo cómo superar estos y otros obstáculos.) Aun así, es mejor que el niño dé su amor por sentado. Esta sana asunción de ser querido es la base sobre la cual el niño crecerá y se desarrollará hasta convertirse en un adulto cariñoso, compasivo y capaz. En lugar de malgastar energía intentando ganarse su aprobación, el niño es libre de tirar adelante sus logros y crecimiento.

CÓMO PERCIBE EL NIÑO EL AMOR

A continuación encontrará algunas directrices para que el amor fluya y el niño así lo reconozca.

SATISFACER NECESIDADES

Cuando un niño se siente seguro para expresarse, cuando tiene el poder de dirigir su vida y sabe con certeza que se satisfarán sus necesidades, puede sentirse valorado y querido. Por lo tanto, la primera vía para garantizar que el niño note su amor es confiar en él y satisfacer sus necesidades según sus propios términos. Las necesidades no satisfechas se traducen en la percepción de uno mismo como alguien indigno de amor, y en el sufrimiento de las dolorosas consecuencias emocionales de semejante percepción.

Una manera que tiene el niño de expresar sus necesidades consiste en realizar peticiones. El bebé recurre al llanto y otras muestras físicas; el niño pequeño comunica sus necesidades con comportamientos y palabras. Responda a las peticiones del niño pequeño dispuesto a interrumpir su actividad. Esté preparado para decir "Sí" y hacer lo que sea para ayudarle en sus aspiraciones y satisfacer sus necesidades. Los platos sucios pueden esperar; el alma del niño, no. Una llamada telefónica puede posponerse; el amor, no. Un plato nuevo sustituirá un plato roto; un alma rota lleva una cicatriz para siempre. El desorden puede ordenarse y los daños repararse; la sensación de ser querido llega al niño al saber que es más importante que las cosas y los horarios.

Responder con prontitud a las necesidades del niño no significa que nunca se pueda pedir al niño que espere a que acabemos algo. A medida que se hace mayor, y cuando se siente seguro de su amor por él, poco a poco aprenderá también a adaptarse a sus necesidades. Confíe en el proceso para que salga del niño como algo natural. Deje que tome él la iniciativa para estar seguro de que no actúa para ganarse su amor. No espere que el niño tenga en cuenta sus necesidades prematuramente porque, al notar su expectativa, puede actuar para alcanzarla con el fin de conseguir su aprobación, y volvemos al amor condicional y la manipulación. Efectivamente, los niños responden a nuestras expectativas haciendo lo que creen que complacerá a los adultos, lo cual daña su sentido de la confianza y su autoestima.

Proteja la autenticidad del niño en su relación con usted para que cuando muestre consideración sea porque se preocupa y le quiere. Actuar siguiendo la necesidad de conseguir su aprobación, en lugar de siguiendo el propio deseo de hacerlo, provoca en el niño resentimiento e inseguridad acerca de su amor por él. Estos sentimientos negativos dificultan el desarrollo de su deseo auténtico de cuidar de los demás.

Puede que se pregunte usted si es cierto que las expectativas elevadas promueven los logros elevados. Efectivamente, ante un reto académico o un proceso para desarrollar una habilidad, los estándares establecidos por el profesor con quien el niño ha decidido libremente que quiere estudiar pueden favorecer la consecución de la excelencia. Profesor y alumnos son iguales como personas, pero no iguales en el terreno formativo. El alumno decide seguir la orientación del profesor y suele ayudar el establecimiento de expectativas que impulsen el proceso educativo del niño.

Estas expectativas no tienen lugar en una relación entre padre e hijo (ni cualquier otra relación de amor) y dañan tanto la relación como el auténtico desarrollo del rasgo esperado. El niño no le ha contratado a usted para dirigir su vida; más bien, usted voluntariamente se ofrece a responder a sus necesidades y mimar su crecimiento con cariño.

Esperar que el niño se desarrolle siguiendo un ritmo establecido por usted contradice la idea de quererle por lo que es, porque su valía se mide según sus estándares y calendario. En lugar de ello, amar al niño consiste en complacerse con su ritmo de crecimiento para que se sienta libre de ser quien es a cada paso de su camino, libre de la preocupación por su amor o valoración si no actúa según sus estándares o calendario.

Muéstrese presente y actúe siguiendo el amor que siente por su hijo. En lugar de esperar un comportamiento respetuoso, trate al niño con respeto; en lugar de esperar que tenga paciencia y respete sus necesidades, sea amable y generoso con él. El niño imitará estas cualidades con el tiempo porque le quiere y quiere formar parte de su mundo. Esto no significa que no pueda pedirle nunca nada a su hijo, pero hágalo teniendo en cuenta sus capacidades. De vez en cuando puede pedirle que esté quieto, que espere o que le traiga algo, pero respete su elección tanto si es un "sí" como un "no". Finalmente aprenderá a respetar las preferencias de los otros además de las suyas propias.

Como hemos explicado anteriormente, el amor y la receptividad no significan conceder al niño licencia para hacer daño ni libertad para hacer lo que quiera (nadie la tiene). Significa ser responsable y proporcionar al niño lo que necesita y respetarle para que pueda crecer a su ritmo.

Dejar atrás su visión del comportamiento o los logros del niño puede resultar difícil. Cuando el bebé nace, automáticamente imaginamos que será un niño "fácil" y "bueno" que crecerá a semejanza de nuestra imagen de bondad y éxito. Al observar la cultura que nos rodea, caemos en la trampa de las expectativas; debería colaborar en casa a cierta edad, decir "por favor" y "gracias", ser responsable, limpio y tranquilo. Habrá notado usted que en ocasiones incluso usted mide su valía según el comportamiento de su hijo, especialmente en público. ¿Está a la altura? ¿Soy un buen padre?

En una sesión de orientación telefónica, la madre de Amanda, Kara, me explicó su bochorno en una situación con su hija, y al analizar sus pensamientos, cambió de visión y adoró a su hija tal como es:

Amanda era un bebé dulce, bueno y sonriente, que podía ir a cualquier parte y se portaba bien.

"Estaba convencida de que se convertiría en una niña inteligente y cooperativa. Ahora tiene siete años y desde los tres casi nunca la llevo conmigo

a visitar amigos porque me hace sentir vergüenza. Le dio por empujar a la gente. Ahora manda cuando está con otros niños y no ordena después de jugar. Cuando entra en una casa es como un tornado."

Para ayudar a Kara a estudiar los pensamientos que obstruían su visión de su hija, le dije: "Dime qué esperas de ella".

"Quiero que se dé cuenta del desorden que provoca, que lo ordene y que juegue con los demás niños como un igual", dijo Kara.

"¿Crees que puede ser la niña que imaginas", pregunté. (Aquí ella se da cuenta de si sus pensamientos son relevantes o válidos.)

Kara suspiró, "No, no es este tipo de persona."

Me callé y Kara reflexionó.

"Quiero mucho a Amanda. Pero supongo que la quiero tal como me gustaría que fuera, no tal como es." Kara rompió a llorar. "Quiero quererla tal como es, pero no puedo."

"Lo que te lo impide es tu propio pensamiento. ¿Te imaginas con ella, sin expectativas de que sea ordenada y no sea mandona?"

"Sí, claro, y la querría tal como es. La quiero mucho."

"¿Qué temes perder si aceptaras con gusto las cualidades de Amanda?"

"La gente pensará que soy una mala madre porque no la sé controlar." (Otro pensamiento doloroso que Kara ha descubierto.) "Es terrible. La privo de su vida social para poder quedar bien. Es espantoso." Kara lloraba.

"Sí", dije. "¿Ves como tus expectativas pueden ser tu propia lección y cómo ayudaría si escucharas tus propias instrucciones?"

"No sé. Quiero que sea limpia. Supongo que yo también tengo que limpiar mi mente. También tengo muchos desórdenes que arreglar."

"¿Y tu deseo de que se comporte como un igual?"

"Ah, claro. Me encantaría tratarla como igual. No lo hago."

"Y", añadí "tratarse como igual ante otros padres y personas. No tienes por qué ser mejor que alguien con una hija angelical y perfecta".

"Sí, me doy cuenta." Kara empezó a reírse. "Se trata de mí. Sabes, en ocasiones logro dejarla ser quien es. Cada vez que vamos al parque, se muestra tan feliz y activa. También le gusta dar volteretas y jugar con las pinturas y la arcilla durante horas. Seguramente también le gustará cocinar. Pero, ¿qué pasa con su manía de mandar?"

"¿Qué pasa?", pregunté. "El pensamiento de que no debería ser mandona, ¿es útil o relevante?"

"No. Es mandona. Si no tuviera la idea de que no debería serlo, admiraría su liderazgo. Me asusta porque yo soy una persona muy tímida."

"Entonces, a Amanda le gusta tomar las riendas. Le gusta hacerse responsable de la situación. Necesitamos líderes. Tienes en ella una gran maestra."

Al final de la sesión, Amanda y su padre (el esposo de Kara) entraron. Kara saltó de la silla y abrazó a Amanda durante un largo rato, con lágrimas en la cara. "No sabía cuánto te quiero, Amanda. Te quiero por ser quien eres."

Durante las semanas siguientes, Kara observó el liderazgo de su hija y le proporcionó oportunidades de crear desórdenes, echarse por el suelo, nadar, saltar de un trampolín y otras salidas a su exhuberante personalidad.

"Pensé que me costaría mucho", dijo Kara, "pero no sólo adoro a Amanda tal como es, sino que la mayoría de nuestros problemas han desaparecido. A veces incluso quiere limpiar después de usar las pinturas y la arcilla porque no puede volver a utilizarlas si se secan. Está contenta consigo misma y conmigo.

»Lo más sorprendente tuvo lugar durante una visita a unos primos. Cuando el tío Dave dijo que había que guardar los juguetes, Amanda indicó a las niñas lo que había que hacer y, bajo su liderazgo, los juguetes se guardaron apaciblemente."

Kara amplió los valores que había enseñado a su hija para incluir el de fluir con otra persona en su camino. Amanda aprenderá a tener en cuenta las preferencias de los demás porque se respeta su propia dirección. Los niños quieren formar parte de la sociedad. Incorporan los valores del amor y la consideración al beneficiarse antes de ellos. Confíe en su hijo; le hará saber cuándo está preparado para adaptarse a algunas de sus necesidades y lo hará interrumpidamente durante el proceso de desarrollo de su vida en común.

CONTACTO FÍSICO

Aquellos de nosotros que recibimos muchos abrazos, mimos y besos de niños tendemos a mostrarnos cariñosos de forma natural. Pero, si usted no recibió suficiente afecto físico de niño, deberá forzarse a darlo y recibirlo. Los niños necesitan todo tipo de afecto a diario, pero en esta sección trataremos la expresión física del amor. Los besos al acostarle, los abrazos o sentarse juntitos en el sofá alimentan su alma, siempre que al niño le guste. A muchos niños no les gusta que les besen, pero les encanta arrullarse con los padres.

Si el niño rechaza el afecto físico, se puede encontrar otro tipo de contacto físico que le guste. Algunos niños rechazan abrazos y besos. Estos niños suelen tener una mayor necesidad de contacto físico pero se sienten demasiado vulnerables ante esta necesidad y suelen ser muy sensibles. Si su hijo se muestra incómodo cuando le abraza, proporciónele un tipo de afecto físico menos directo: escribir letras en la espalda con los dedos, contacto visual, una caricia, acurrucarse juntos para leer un cuento, etcétera. Además, puede acostarse junto al niño en la cama o pasar un rato con él antes de que se duerma. El colecho puede curar y evitar muchas enfermedades emocionales a seres humanos de todas las edades, por lo que no dude en seguir la guía instintiva de acurrucarse para dormir con su hijo.

Siga ofreciendo su afecto a su hijo adolescente. Lo necesita mucho, pero no se atreve a pedirlo. Los chicos no suelen recibir suficiente afecto a esta edad. No tema su tamaño ni su conducta en ocasiones fría. Sigue necesitando su afecto. No acaricie a su hijo delante de sus amigos ni en público, pero ofrézcale un abrazo, besos o un masaje, o si se lo permite, pásele el brazo por la espalda mientras miran una película o leen juntos.

Los niños que tienden a expresar su estrés con agresividad también suelen ser los que no gustan demasiado de las caricias de los padres. Esto puede ser el resultado de sentirse culpables y poco merecedores, o puede ser parte de su naturaleza sensible. Es evidente que el contacto físico puede ayudar a estos niños a sentirse seguros con su amor y volverse menos agresivos. Un niño que se resiste a las caricias también puede ser físicamente sensible; tal vez deba adaptar la presión de las caricias para no hacerle cosquillas o es posible que prefiera que de momento sólo le froten la espalda. Aproveche los momentos como el baño o la hora de acostarle para acariciar al niño. Además, al niño le va bien ver que los padres también demuestran su cariño con contacto físico.

Algunos niños desarrollan aversión por el contacto físico porque reciben muestras de cariño que no desean. Es crucial respetar al niño en este sentido. Al abuelo puede parecerle que un beso es la mejor forma de despedirse de su nieto, pero si el niño no quiere besos, hay que respetar su decisión. El contacto físico debe compartirse en los términos que dicte el niño. Los padres no tienen ningún "derecho" sobre el cuerpo del niño. Exigir un abrazo, insistir en coger al niño en brazos o en darle un beso no son acciones de afecto porque violan los deseos del niño. Si bien es obvio que usted disfruta abrazando y acariciando a su hijo, debe procurar satisfacer la necesidad de afecto del niño sin excederse. Su respeto por su cuerpo es también la mejor protección contra cualquier conducta física inapropiada que el niño pudiera experimentar.

Cuando tratamos con dignidad el cuerpo del niño, este se beneficia del afecto que le mostramos. Con el afecto crece la autoestima, se estimulan los buenos sentimientos y la inteligencia, se reduce la ira y las emociones violentas, se desarrolla un cuerpo sano y se favorece el desarrollo de la cercanía y el cariño.

PROPORCIONAR ATENCIÓN

Aunque rara vez lo verbalizan, los niños se preguntan: "¿Soy lo bastante importante para mis padres para que pasen conmigo tanto tiempo como necesito?". Los niños no parecen sentirse conectados por medio del amor si se les ofrece sólo una atención parcial. El niño puede insistir en que le miremos mientras nos explica algo, y si retiramos la mirada, aunque sea un instante, es posible que nos coja la barbilla para recuperar nuestra atención. Entonces puede que vuelva a empezar su relato. Si se juega con el niño mientras se lee, se habla por teléfono o se dormita, el niño no obtiene su dosis de cariño. Del mismo modo, el niño no experimenta la sensación de contacto cuando tiene que compartir a los padres con un hermano. Incluso al compartir la atención con un amigo no se sustituye la atención personalizada.

Algunos padres temen "mimar" al niño si le convierten en el centro de atención. Pero la atención no es lo mismo que organizar la vida alrededor del niño. Se trata de un vínculo de amor, similar al que establecemos con nuestras parejas o amistades. ¿Imagina una amistad o una relación de pareja sin atención personalizada? Los humanos crecemos emocional e intelectualmente con este tipo de cercanía.

Si, además de la familia, desea extender el círculo de relaciones del niño de forma similar al sistema tribal o los parientes menos cercanos, deberá proporcionarle contacto con esta comunidad. El niño se relacionará con muchos individuos y formará vínculos fuertes con algunos de ellos. Aun así, seguirá obteniendo gran parte de su autopercepción de la relación íntima diaria con los padres.

Para mejorar la experiencia del niño, proporciónele atención individualizada sin interrupciones y durante este tiempo deje que el niño lidere la situación. El niño necesita constatar que es tan importante en su vida que está usted dispuesto a posponer la lectura, las tareas domésticas, el papeleo, los recados, las llamadas y las visitas a sus amigos para pasar tiempo con él.

Si tiene más de un hijo, deberá planificarse. Además, cuando el padre es el único compañero del niño durante gran parte del día, el tiempo que le dedique por completo no sólo le transmitirá su amor, sino que además satisfará sus necesidades básicas de cercanía con otro ser humano. Efectivamente, cuando se es el único compañero del niño, negarse a estos ratos de acercamiento puede provocar en el niño dudas y una baja autoestima. Darle atención es la forma más clara de comunicarle su amor cuando la atención es individualizada e indivisa.

Los adolescentes, como los niños pequeños, necesitan también este tipo de atención. Oscilan entre demostrar que ya no le necesitan y en comprobar si sigue usted estando pendiente de ellos. Respete la necesidad de su hijo adolescente de forjar su vida de manera autónoma, pero no suspenda el "examen". Converse con él demostrando interés; sepa qué ocurre en su vida, sus pensamientos y sus sentimientos y ofrezca su apoyo, participación y alegría. Escuche lo que tenga que decirle y preste atención a lo que desee enseñarle o compartir con usted. Es muy importante para él que le vea tal como es y que le quiera como evoluciona.

Cuando tenga su copa de atención llena, el niño pequeño puede tener bastante acompañándole mientras prepara la cena, clasifica papeles o ensaya con su instrumento. Cuando su necesidad de atención está satisfecha, incluso un niño pequeño poco a poco pasa ratos sin ella. Deje que las cosas sigan este curso; no intente forzarlas ni esperar que pase nada concreto.

Dawn tenía dificultades para atender a su invitada Sarah y, a la vez, atender a su hija, Dona. Dawn me llamó una noche desesperada, diciendo que hacía años que no veía a Sarah y necesitaba que su hija le dejara disfrutar de su visita. Durante la sesión, des-

cubrió que sus pensamientos "Mi invitada y yo deberíamos poder conversar sin interrupciones" y "Mi invitada, Sarah, necesita toda mi atención constante" eran la causa de su estrés.

Tras la sesión, Dawn hizo nuevos planes: la mañana siguiente, en lugar de repetir a Dona que las dejara hablar, pidió a su invitada que juntas prestasen total atención a su hija. Sarah participó de la gozosa mañana porque Dona quería que ambas la mirasen mientras bailaba, cantaba y saltaba. A las dos horas, Dona tenía suficiente y empezó a jugar sola. Estaba tan satisfecha que Dawn y Sarah pudieron charlar el resto de la mañana casi sin interrupciones. Por la tarde, papá se llevó a Dona de paseo, después del cual y de media hora más de total atención, la visita pudo seguir hasta la hora de la cena.

Satisfacer la necesidad, y no evitarla, es lo que alimenta la capacidad del niño de seguir adelante y dejar atrás dicha necesidad. El primer día, cuando la necesidad de Dona no se satisfizo, el día acabó centrado en ella y nadie estaba contento. En cambio, cuando se cubrió su necesidad de atención, quedó contenta y la vida no giraba en torno a ella. Esto es también así a largo plazo: cuanto más se responda a la dependencia del pequeño, más independiente se vuelve al crecer y de adulto.

Proporcione al niño plena atención y experiencias compartidas. Si sólo se le proporciona atención, se le priva de la oportunidad de crearse como individuo y funcionar con independencia. Su hijo le dará pistas claras sobre su necesidad de atención y de funcionar independientemente.

El tiempo compartido puede incluir trabajar con el niño al lado. Así le incluye en su vida en un entorno de su elección.

Evite trabajar codo con codo más tiempo del que el niño pueda aguantar. Sea sensible en este sentido para que la experiencia sea positiva para el niño. Si quiere que se le una para llevar a cabo una actividad elegida por usted, cerciórese de que el pequeño elija entre observarle o seguir sus instrucciones. La capacidad de un niño para formar parte del proyecto de otra persona crece poco a poco como resultado de su sensación de realización y satisfacción con cada experiencia; también le gustará con mayor facilidad si consigue atención plena cuando la necesite y cuando la actividad satisfaga sus propios intereses.

Al proporcionarle atención, el niño no conectará con el cariño si usted emplea su tiempo juntos para conseguir que haga lo que usted cree que debería hacer. En tales casos, el niño se verá como un vehículo para satisfacer sus necesidades e intentará estar a la altura de lo que se espera de él. Al hacerlo, es probable que se sienta angustiado y dude de su amor. Cuando, en cambio, se siguen sus dictados, se sentirá unido por un vínculo de amor con usted y además desarrollará la capacidad de iniciar actividades y establecer sus propios intereses.

> *Max no parecía tan satisfecho consigo mismo como de costumbre y su madre Leanne se dio cuenta de hasta qué punto su hijo rechazaba la manera en que ella le expresaba su cariño, especialmente la forma verbal. Leanne empezó a prestar atención al modo en que Max percibía su cariño. Descubrió que le gustaba que ella le escuchase cuando hablaba incesantemente de sus dinosaurios de madera, que eran el centro de su vida en aquel momento. El indicio más claro se reveló una mañana cuando Leanne vio lo afectado que estaba porque su hermana mayor había expresado su aburrimiento a causa de su gran afición.*

Cuando Leanne ofreció a Max toda su atención y escuchó su animada charla sobre las medidas, aspecto y estabilidad de sus criaturas de madera, su cara se iluminó. Para percibir el amor de su madre, Max necesitaba que le proporcionara plena atención y se mostrara interesada en las cosas que para él eran realmente importantes. Siguió escuchándole cada mañana. A medida que la confianza en el cariño de su madre volvía, también lo hacía su alegría y exuberancia.

En ocasiones pensamos que seguimos los dictados del niño pero intentamos encubrir nuestra orientación o enseñanzas. Esto también resta beneficios a la atención prestada, como un niño de cinco años enseñó a su madre:

Jeremy estaba aprendiendo a montar en patinete. Pidió a su madre que se sentara fuera y le mirara. Al verle esforzarse por mantener el equilibrio, ella le hizo una sugerencia sobre la colocación del pie.

Jeremy se detuvo, miró a su madre y dijo: "Te he pedido que me miraras, no que me enseñaras".

Prestar atención es lo esencial en el amor. Requiere una completa aceptación del niño, seguir su dirección y responder a su manera de conectar con nosotros.

PERCEPCIONES DEL CARIÑO

Lo que cada niño necesita lo define cada uno de ellos. El niño se sentirá conectado con usted cuando le transmita su "Te quiero" en su frecuencia, no la de usted. Si le gusta jugar fuera, quererle es proporcionarle un patio seguro y compartir experiencias con él en el exterior. Si el adolescente quiere estar con los amigos y ponerse ropa ridícula, quererle significa facilitarle sus encuentros sociales. Si el niño disfruta escalando, le demostrará su cariño proporcionándole oportunidades para escalar; si le gusta que le abracen, se beneficiará de una tarde acurrucado junto a usted en el sofá.

Cuando usted olvida sus propias necesidades, tiene muchas posibilidades de acercarse a la realidad del niño y conectar con la manera en que él se siente querido. Se sentirá seguro cuando usted actúe en consonancia con su percepción de ser querido. A diferencia de las palabras "Te quiero" con que muchos padres informalmente, y a veces de cualquier modo, expresan su amor, una expresión auténtica de cariño debe surgir de la interacción en el presente. El niño puede sentirse querido con un cuento, un paseo en brazos o siendo escuchado. Se le puede decir cuánto se gusta de su compañía, cuánto se valora el momento que se pasa junto a él, o cuánto nos enriquece ir conociéndole. La mayoría de las veces, las expresiones de cariño no transmiten tanto amor como satisfacer las necesidades del niño a su manera.

Del mismo modo, querer al niño no significa comprarle regalos cada vez que entran en una tienda, ni trabajar horas extra para proporcionarle ropa de marca. Aunque percibamos que adquirimos estos objetos por amor, nuestros hijos no suelen experimentar este cariño al recibirlos. En lugar de ello, es posible que el niño le eche de menos mientras está trabajando o comprando. También puede percibir el exceso de regalos como una forma fácil de compensarle sin dedicarle tiempo. Los regalos pueden expresar cariño cuando la elección del niño se tiene presente, y cuando se ofrecen como una auténtica expresión de aprecio y cercanía.

Preste especial atención a las acciones que puedan contradecir su expresión de amor. Por ejemplo, un niño que perciba que le quieren mediante el contacto físico y los abrazos puede sentirse confuso al decirle que le quiere mientras tiene usted un bebé en brazos. El mejor modo de cerciorarse de que el niño recibe su amor es expresarlo a su manera, con acciones que validen quién es y demuestren la sinceridad de su alegría por su existencia.

HACERLO GIRAR TODO ALREDEDOR DEL NIÑO

Algunos padres se preocupan porque piensan que al darle atención al niño lo hacen girar todo a su alrededor, y creen que esto puede impedir el desarrollo social del niño. Estos padres desean que el niño se sienta parte de la comunidad, no el centro de ella. Con frecuencia se vuelven hacia la familia para encontrar el modelo que dé al niño la sensación de pertenecer a un grupo social. Pero idealizar la familia sólo nos cierra los ojos ante lo que está disponible para los niños en nuestro tiempo y cultura.

La familia nuclear no es una tribu y no proporciona la sensación de pertenecer a un grupo; sin embargo, sí proporciona la sensación de pertenencia. En una familia, la sensación de pertenencia y de ser un miembro que contribuye a la familia nace del cariño hacia cada miembro como individuo y de las relaciones individuales entre miembros. La vida no tiene que girar entorno al niño, pero el niño puede recibir atención personalizada. Este niño no es el único que la recibe; se percibe a sí mismo como parte de la familia y aprende a tener en cuenta las necesidades de los demás. Cada miembro de la familia se valora por igual. Proporcionar atención es como alimentar o mimar; se trata de una respuesta a una necesidad humana. El niño aprende que se le valora al ser merecedor de nuestro tiempo y atención. También aprende a valorar a los demás observando como los demás se cuidan a sí mismos y cuidan de los demás; si usted se valora, él también.

Muchos padres anhelan proporcionar al niño una comunidad similar a la tribu porque les gusta el hecho de que el niño se relacione con otras personas y niños y que su necesidad de actividad y compañerismo comunales quede satisfecha. Si valora usted este tipo de educación, cree el entorno adecuado para su familia uniéndose a una comuna u otras formas de convivencia. Recuerde, no obstante, que su hijo sigue necesitando atención individualizada procedente de usted, probablemente menos, pero no siempre.

En la familia nuclear el niño suele encontrarse sólo con mamá o papá y tal vez un hermano. No hay nadie más con quien jugar ni experimentar la sensación de pertenencia. El juego por sí solo no es la respuesta, aunque es beneficioso en la medida que el niño disfrute de él. No debemos temer ofrecer la sensación de pertenencia y actividades típicas de una pequeña familia moderna. La atención personalizada es la respuesta al niño que cuenta principalmente con usted para jugar. El hecho de proporcionarle atención individualizada no tiene por qué contradecirse con la sensación de comunidad mientras exista un equilibrio y el niño sea testigo de los cuidados que los miembros de la familia se prestan mutuamente.

Debemos centrarnos en el presente y encontrar las nuevas cualidades que fomenta en el ser humano. Si amamos lo que se es, los demás valores encajarán sea cual sea la estructura social. El resultado de vivir en una familia nuclear, donde se proporciona atención personal, es convertirse en un ser humano diferente del que vive en un entorno tribal; hace aflorar posibilidades y cualidades diferentes. Leerle un libro a un niño o seguir sus iniciativas no lo convierte en un monstruo egocéntrico; le proporciona el desarrollo de un pensamiento individualizado. El niño crece para pertenecer a nuestra sociedad, una sociedad que valora la individualidad y la contribución creativa de cada persona a la comunidad. Ninguno de los dos sistemas es mejor que el otro; son sólo maneras de ser humano, de celebrar y valorar.

El miedo de que todo gire en torno al niño es similar a otros miedos de "mimar" al niño con amor, cariño, generosidad y amabilidad. No es necesario dosificar el cariño por miedo a mimar al niño. Al estar solo con mamá, si la necesidad de cercanía del niño se rechaza, el pequeño sólo aprende a ser poco cariñoso y a sentirse poco valorado.

Otra premisa tribal que muchos padres desearían imitar es la de dejar al niño estar presente cuando se realizan actividades de adultos, para que pueda aprender y poco a poco unirse a ellas. De nuevo, la vida ha cambiado; el tipo de actividades que el niño puede observar en casa, con frecuencia llevadas a cabo por uno de los padres estáticamente (sentado frente al ordenador, en el escritorio, ante el fregadero, etc.), carecen del interés y estímulo que el niño necesita. Algunas de las habilidades básicas que el niño desea aprender requieren interacción personal mientras que otras ni siquiera tienen nada que ver con lo que observa en casa.

En la familia nuclear, el niño pequeño está condicionado a la atención individualizada, lo cual no es ni bueno ni malo; es simplemente la realidad que hay que disfrutar. En este contexto, los niños tienen el potencial de crecer y volverse pensadores independientes e innovadores como lo fueron Einstein, Edison y Mozart. Se convierten en adultos compasivos porque han experimentado la afabilidad, generosidad y el cariño, y llegan a ser pensadores creativos porque su camino individual se ha cultivado.

El niño acepta con entusiasmo la cultura en que nace. La naturaleza hace a los humanos muy flexibles y capaces de crecer bien en más de un aspecto. Para amar la vida y obtener paz interior debemos disfrutarla tal como es en lugar de desear que fuera diferente; satisfaga las necesidades del niño cuando se hagan patentes en respuesta a la sociedad en que vivimos, y celebre las cualidades que hace aflorar. La felicidad es el resultado de elegir lo que se es. Aliviaríamos nuestras angustias si valoráramos lo que ofrecemos a nuestros hijos y nuestro amor fluiría sin impedimentos.

DISTINGUIR SUS NECESIDADES DE LAS DEL NIÑO

Cuando usted piensa que hace todo lo posible para proporcionar amor a su hijo, y en cambio parece que él duda de su cariño, piense que quizá está dirigiendo su vida aunque no sea consciente de ello. Cuando dirige la vida de su hijo o una parte de ella, este puede sentirse como un vehículo para sus necesidades. Con frecuencia confundimos nuestras propias necesidades con el cuidado del niño, y proyectamos estas necesidades en el pequeño.

> *La abuela Mary estaba de visita en verano. Sus nietos (de ocho y cuatro años) pasaban felizmente los días de formas impredecibles. Esto inquietaba a la abuela. Sugirió organizar las actividades de cada día. Le preocupaba que los chicos estuvieran "desmoralizados" debido a una falta de organización. Hablaba de ello incesantemente y explicaba a su hijo, Jack, que debía proporcionar a los niños una pauta.*

Al principio, Jack se lo tomó a la ligera, pero cuando su madre siguió con el tema, se dio cuenta de que tenía que hacer algo. Usando la fórmula A.P.E.G.O. (como se explica en el Capítulo 1), dedicó un segundo a aislar (A) su reacción de la necesidad de su madre escuchando su conversación interna.

Los pensamientos que escuchó fueron: "Está equivocada. Yo hago bien. Los niños están contentos. No le gusta mi manera de educarles". Se dio cuenta de que estos pensamientos no podían probarse y no resultaban útiles a su madre ni a él. También descubrió que él buscaba la aprobación de su madre como padre. Sonrió y entonces prestó atención (P) a su madre. Pensó que en su casa estaba acostumbrada a tener una organización y comprendió que sus vacaciones sin pauta la incomodaban y que le resultaba difícil que los niños dirigieran sus propias actividades.

Después de escuchar (E) a su madre y garantizar la validación (G) de su percepción, Jack pensó cómo podía coordinar más los días sin obligar a los niños a hacer lo que no quisieran. Otorgó a su madre (O) la posibilidad de hacer algunos planes para sus vacaciones. La invitó a ayudar en la cocina y cada día ideaba una salida o actividad que dividiera el día de manera práctica y predecible. Al cabo de un par de día organizados por la abuela, dijo: "¿Lo ves? Tenía razón. Esta última semana los niños han seguido un orden y se ven mucho más contentos".

Como la madre de Jack, todos estamos alguna vez convencidos de que sabemos qué es lo mejor para el niño, pero es más probable que se trate de nuestras propias necesidades. Nuestras emociones y pensamientos internos son potentes y pueden cegarnos e impedirnos ver el camino del niño; si imponemos nuestra visión en su vida, el niño dudará de nuestro amor. Se pueden reconocer fácilmente estas situaciones, como cuando uno está disgustado con el niño, motivado por una fuerte voluntad de obligarle a hacer lo que cree que es lo correcto. La palabra "debería" suele ser parte de nuestra queja: "Debería ordenarse la habitación", "Debería acabarse la cena", "Debería aprender a no interrumpir", "Debería cortarse el pelo", etc. Todas estas expectativas representan lo que usted necesita que haga su hijo según su "película". Tiene poco que ver con lo que es mejor para él. Para conocer al niño, escúchele.

Dedique tiempo a aislarse para estudiar sus pensamientos (A de A.P.E.G.O.) y distinguir entre su necesidad y la del niño. Una vez tenga claro de quién es la necesidad que le impulsa, sea honesto. Puede decir, "Necesito que tu habitación esté ordenada", puede pedir la ayuda del niño y, si se siente realmente libre para elegir, probablemente dirá que "no" hasta que, a veces, tal vez se ofrezca para ayudar. Si no ofrece su ayuda, usted puede ordenar la habitación, dejarla desordenada o llegar a un acuerdo que sea bueno para ambos.

Puede ir un paso más lejos y comprobar su sinceridad. En este ejemplo, puede que tenga la idea de que las habitaciones de los niños deben estar ordenadas, la idea de que no es un buen padre si la habitación de su hijo es un desorden, o la idea de que en las demás casas se mantiene el orden. Si examina estas ideas en busca de relevancia y verdad, puede encontrarse en paz con el niño o puede disfrutar ordenando la habitación para satisfacer su necesidad.

El niño se sentirá conectado y amado cuando sea usted claro respecto a sus necesidades y cuando evite controlarle o enseñarle cómo debe ser. Respete sus elecciones y comunique las suyas. Efectivamente, amar a un hijo consiste en sentirse maravillado con la persona que es, celebrar su manera de ser y sus elecciones. Esto significa que no hay expectativas que se interpongan entre ustedes. En palabras de Leo Buscaglia: "El amor nunca muestra una dirección a seguir porque sabe que conducir a una persona por un camino que no sea el suyo es encaminarle por una senda que nunca será adecuada para él. Debe ser libre para seguir su propio camino".[2]

Confundir nuestra necesidad con la dirección del niño suele ocurrir en el área de la educación. Cuando se desea apoyar al niño en el seguimiento de su propia dirección, nos sentimos implicados en su éxito y no tenemos claro lo que es un acto de amor. "¿Dejo que mi hijo abandone el equipo, o el amor significa apoyarle para que consiga su objetivo?" ¿Qué desea recibir el niño de sus padres en estos momentos difíciles? Es obvio que nada en lo concerniente a la educación de los hijos (ni en esta vida) es blanco o negro. Cada niño y cada situación son singulares.

Sea coherente y pregúntese siempre: "¿Es su deseo o el mío?". Y si se trata de su propio deseo, examine su validez honestamente. Por ejemplo, si el niño esconde la verdad y usted dice que miente, el pensamiento subyacente es que "no debería mentir". Este pensamiento interfiere con su amor. Si miente, es que debería mentir y usted puede averiguar por qué teme decir la verdad. Entonces podrá reconstruir la confianza entre ambos para que él se sienta seguro y le pueda decir las cosas.

Si el niño tiene un objetivo y unas necesidades que usted apoya ante los retos que vayan surgiendo, quererle puede significar apoyar su compromiso y no su miedo o resignación pasajeros. Decidir si este es su caso puede parecer difícil, porque cada niño es un individuo sensible y cada relación es única.

Aún así, si la confianza entre ambos está intacta, tienen posibilidades de solucionar las cosas y distinguir sus deseos de las auténticas necesidades del niño escuchando y validando sus miedos. Cuando los sentimientos del niño se expresan completamente y son escuchados, lo más probable es que recupere la visión clara de su aspiración y sepa cómo actuar. He aquí algunos ejemplos:

> *Jack, dieciséis años y educado en casa, dijo a sus padres que estaba preparado para marcharse de casa y vivir nuevas experiencias. Dijo que en casa ya no era feliz. Tras hablar de sus necesidades específicas, su padre, Kevin, se volcó en busca de opciones. Buscó en internet y realizó varias llamadas telefónicas para encontrar un buen camino para su hijo. Encontró la posibilidad de viajar a Europa y contar con un crédito para estudiantes, un circuito en autocar para estudiantes, un fantástico internado alternativo y otras interesantes oportunidades.*
>
> *Kevin mostró el material a su hijo y le dijo: "¿Por qué no estudias estos sitios web y catálogos y volvemos a hablar cuando tengas más claro lo que quieres hacer? Podemos buscar otras opciones, si quieres". Jack cogió la documentación sin entusiasmo. No hizo nada con ella.*
>
> *Pasaron dos semanas. Jack parecía contento y haber pasado página.*
>
> *"¿Novedades acerca de tus planes?", preguntó finalmente su padre.*
>
> *"No, más bien no...", dijo, e hizo una pausa. "Por ahora me gustaría quedarme en casa. Me gusta mi vida aquí y mis amigos."*

Al seguir la necesidad expresada por su hijo, el padre de Jack demostró su confianza y apoyo. Esto proporcionó a Jack la libertad y claridad para elegir. Esta confianza y sensibilidad permite que también los niños pequeños tomen sus decisiones.

> *Iris, de cuatro años, jugaba en la playa cuando empezó a tirar arena y llorar: "Quería quedarme con la abuela". La abuela vive en otro estado y acababan de regresar de una larga estancia con ella. Hacia el final de su visita, Iris empezó a extrañar su casa por lo que volvieron antes de lo previsto.*
>
> *"Quería quedarme con la abuela", lloraba Iris.*
>
> *"Vale", dijo su madre. "Llevo el móvil. ¿Quieres que llame y reserve unos billetes de avión para volver enseguida?" Cogió el teléfono y esperó a que Iris se decidiera. Iris pareció reflexionar y se quedó callada un largo minuto. Entonces dijo: "No. No llames. Quiero quedarme aquí". Volvió a jugar con la arena y enseguida se concentró en su juego.*

¿Y si Iris hubiera dicho que sí? Aunque es poco probable, la madre podría haber discutido con ella los detalles para arreglar las cosas juntas y ver si el viaje era posible. La madre de Iris no tenía la necesidad de recurrir al truco del teléfono; podría simplemente haber validado: "Ya veo que quieres volver a casa de la abuela". Pero los niños pequeños suelen responder mejor a la libertad de elección; el hecho de presentarle la oportunidad de comprar el billete de avión proporcionó a Iris claridad instantánea.

En ocasiones, la situación pide un tipo de apoyo más sólido. El niño puede elegir su objetivo libremente, pero cuando los obstáculos o el miedo aparecen, puede estar dispuesto a abandonarlo. ¿Deberíamos apoyar su miedo diciendo: "No pasa nada, deja las clases de conducir", o apoyar el objetivo inicial, y cómo? En una sesión de orientación, una madre compartió conmigo una experiencia que ilustra esta situación:

> *Brenda quiso ir a clases de ballet y destacó enseguida. Unos años más tarde se había convertido en la estrella de la escuela de danza. No obstante, cuando el profesor de ballet le sugirió que realizara una prueba para la compañía de danza juvenil, Brenda se negó en redondo. Incluso habló de dejar de bailar. Pasó a ensayar menos horas y parecía perder interés en el baile.*
>
> *"No sé si se trata de su libertad y confianza, o si Brenda teme no estar a la altura", dijo Nancy, su madre. "¿De veras desea abandonar, o espera que apoye su visión ante el miedo y sus dudas?"*
>
> *"¿Le has preguntado cuáles son sus miedos y pensamientos?", pregunté.*
>
> *"Sí. Admite que está asustada pero también dice que no le importa tanto la danza y que formar parte de la compañía sería horrible."*
>
> *"¿Le has demostrado que confías en su elección? Y si lo has hecho, ¿se ha sentido en paz al decidir no acudir a la prueba y dejar de bailar?", pregunté.*
>
> *"Le he dicho que es decisión suya. No ha respondido ni ha cancelado la prueba. Se muestra poco clara. Pienso que le apetece bailar con la compañía pero que tiene miedo."*
>
> *Sugerí a Nancy que escuchara los pensamientos y sentimientos de Brenda y los reconociera, no como verdad ni dramatismo, sino como material mental.*

Así se le puede ayudar a distinguir entre la persona que realmente es y su voz interior. "Únicamente si Brenda es capaz de actuar a pesar de su miedo comprenderá cuál es su verdadera aspiración", expliqué. "Si toma su decisión basada en su miedo, no será una elección libre. Este tipo de elección va seguida del arrepentimiento e incluso la depresión si no representa una intención verdadera."

"¿Y si su intención verdadera es dejar la danza?", preguntó Nancy.

"Cuando haya expresado sus sentimientos, será capaz de tomar una decisión libre de los dictados de su miedo. Ella sabe lo que quiere. Si quiere bailar lo hará a pesar de su miedo; si no, dejará la danza y se sentirá satisfecha con su decisión."

Nancy escuchó los sentimientos de Brenda. No le ofreció consejo ni emprendió ninguna acción; ofreció sólo su validación y le dijo una sola vez que creía que tenía posibilidades de ser aceptada. Tranquilizó a Brenda diciendo que la danza es su elección y que ella la quiere decida lo que decida y sea cual sea el resultado de la prueba.

Brenda se presentó a la prueba por voluntad propia, mientras decía que no quería y que no le interesaba y que esperaba suspender la prueba. Si Nancy le decía "Entonces, ¿vas a cancelar la prueba?" Brenda se encogía de hombros y no hacía nada.

Brenda fue aceptada en la compañía y consiguió un papel mediano en la primera producción. Disfrutó de cada minuto y ponía por las nubes la experiencia, y al mismo tiempo se esforzaba por mostrar falta de interés ante sus padres.

A veces, una persona de cualquier edad, expresa falta de interés en lo que realmente desea, o piensa que preserva su dignidad diciendo que no le importa no superar una prueba (por si no la pasa). Escuchar sus sentimientos y dudas ayuda a la persona a mantener su integridad y tomar decisiones no desde el miedo, sino desde su poder y su visión de sí misma.

CUANDO EL NIÑO DUDA DE NUESTRO AMOR

Los niños forjan sus sentimientos basándose más bien en cómo se les trata y desde un punto de vista egocéntrico. Por lo tanto, cuando le dice a su hijo cuando le pide estar con usted: "Ahora no, cariño, estoy ocupado", observe su cara para ver si se hunde en la tristeza. Si le pregunta si está triste y le responde: "No pasa nada", crea lo que le diga su expresión facial, no sus palabras. ¿Caen hacia abajo las comisuras de su boca? ¿Está callado y serio? ¿Finge estar contento o reconoce usted otras señales de dolor o de miedo a perder su aprobación?

Cuando el niño no está seguro del amor de los padres, el menor rechazo le desespera. Puede pensar: "Lo sabía, no me quiere, no valgo nada". En cambio, cuando el niño se siente seguro de que le quieren, puede encajar un retraso ocasional de la atención de sus necesidades (cuando es lo bastante mayor), porque no le hace revivir experiencias pasadas. Cuando el niño vive demasiadas experiencias de "falta de cariño" puede perder su resistencia emocional. Cuando las frases "No me quiere" o "No soy lo bastante bueno" se vuelven permanentes en la mente del niño, tiende a explicárselo todo de tal modo que refuerza su pensamiento. Es decir, inventa su historia basándose en las palabras y acciones de los padres. Se trata de una invención, pero usted es un factor del drama.

No se puede controlar la mente del niño, pero sí se puede aprender a ser consciente de su estilo de "invención de historias". Cuando tenga que negarle su atención al niño porque tiene que dar de mamar a su hermanita, observe en su expresión cuál es su conclusión. "¿No me quiere..." o "No soy lo bastante bueno..."? Muchos adultos dudan de sí mismos debido a las respuestas de negación no intencionada recibidas de sus padres. Aunque muchas de estas experiencias no pueden y no deberían evitarse, cuando sepa usted lo que siente el niño, valide su experiencia y otórguele poder para modificar su conclusión: en lugar de "No me quiere", puede que sea capaz de decirse a sí mismo: "Me molesta esperar a que el bebé acabe de mamar. Pero sé que a mamá le gusta jugar conmigo. Cuando el bebé se duerma, mamá estará conmigo, ¡qué bien!".

Un bebé no sabe decir si siente miedo cuando se le acuesta para dormir en la cuna, lejos del sonido tranquilizador de su respiración y del contacto de sus manos. También puede sentirse solo y asustado cuando no se le coge en brazos tanto como lo necesita. Si el miedo o los conceptos culturales le impiden coger en brazos al bebé todo lo que él desea, puede dudar de su amor y de su propia valía.

Un niño pequeño puede temer que no le quieran cuando mamá abraza al bebé. Puede experimentar rechazo cada vez que se le dice que deje de hacer lo que hace, cuando se emplean palabras que le juzgan, o cuando se espera de él algo que no puede llegar a conseguir.

Un niño mayor puede dudar del amor de los padres cuando sus expectativas no coinciden con las del niño, cuando no tienen tiempo para dedicarle, cuando protegen a un hermano menor, cuando le critican o incluso cuando le elogian. Puede parecer extraño que un niño, elogiado por haber conseguido un logro, dude del amor de sus padres, pero es posible que piense que no se mostrarían tan "cariñosos" si no les hubiera impresionado o complacido en sus términos.

Muchas veces al día damos a los niños el mensaje: no eres tan importante como esto otro (llamada, visita, cena, etc.), ocupas un lugar más bajo en mi lista de prioridades. Nuestras expresiones de cariño no siempre son suficientes para compensar los insultos del día. Y nuestro profundo amor puede ser desconocido para el niño que ha llegado a la conclusión contraria basándose en estas experiencias.

El niño no nota que le quieren si se siente indefenso, intimidado o incapaz de expresarse tal como es, ni cuando duda del aprecio de sus padres. Es posible que actúe como la persona que esperamos que sea porque asume que el amor significa complacernos y obtener nuestra aprobación. Pero el niño no nota que le quieran mientras no pueda expresarse tal como es. Por este motivo el control (mediante el elogio y las recompensas o los premios y el castigo), y el miedo resultante, se interponen en el camino de la conexión por amor.

El niño que duda del cariño de sus padres puede hundirse en la desesperación, lo cual puede manifestarse en comportamientos basados en la inseguridad y el estrés. A la vez, estos comportamientos pueden provocar el enfado de los padres, que daña al niño. Ahora ya tiene la prueba de que no es lo bastante bueno y de que sus padres no le quieren, lo cual le conduce a mayores síntomas de desespero.

Para evitar caer en este círculo vicioso debemos ver más allá del comportamiento del niño y detectar el dolor no expresado que lo ha desencadenado. Cuanto más destructivo es su comportamiento, mayor es su necesidad de amor. Otras manifestaciones de duda acerca del cariño paterno son: infelicidad, enuresis, tics, trastornos del sueño, agresividad, trastornos alimentarios, tensión general e irritabilidad. Cuando el niño se siente completamente seguro del amor de los padres, no necesita recurrir a estas expresiones; se siente seguro de sí mismo y dedica el tiempo a cumplir sus pasiones.

RECUPERAR LA CAPACIDAD DE AMAR INCONDICIONALMENTE

Si usted tuvo que complacer e impresionar a sus padres para ganarse su amor, es posible que ahora se sienta reacio a dar amor incondicional. Cuando el comportamiento de su hijo evoca su rabia o frustración, su viejo dolor puede bloquear su capacidad de sentir amor y detectar la necesidad subyacente del niño. Es posible romper este círculo vicioso generacional y dejar que el amor fluya. Cuando es usted incapaz de separar su reacción emocional de la necesidad de su hijo, puede bloquear el cariño y defender su derecho a regañar, rechazar o ignorar a su hijo. En otras palabras, reñir al niño y pensar que es la causa de su enfado es su mecanismo de defensa, lo cual le ayuda a evitar sus propios sentimientos. Es la acción de su mente; está proyectando la película de su pasado mientras usted no es, de algún modo, consciente ni lleva las riendas.

Anote los pensamientos que alimentan sus sentimientos y sus intenciones, y reflexione sobre ellos como aprendió en el Capítulo 1. Para ayudarle con este proceso, observe que las defensas que se interponen en el camino del amor tienen sus raíces en los miedos. Los siguientes son algunos de los pensamientos y creencias más típicos que se interponen al amor, y formas de contemplarlos y liberarse de ellos.

DESHACERSE DEL MIEDO A PERDER EL CONTROL

Muchos padres expresan su miedo a perder el control, de que se aprovechen de ellos, de educar a niños que no tengan noción de los límites ni consideración por los demás. Cuando se dejan llevar por estos miedos, los padres usan el amor como recompensa. La obediencia del niño es entonces sólo el resultado del miedo a no conseguir la aprobación de los padres. Esta es una de las maneras en que el miedo pasa de padres a hijos.

Liberarse de estos miedos parentales puede ser una cuestión de elección y de trabajo consciente realizado durante años. Empieza reconociendo lo que se teme y dejando que el miedo se haga presente para no tener que esconderse de él mediante el control del niño o la negación de sus necesidades. Luego se puede proyectar un rayo de "sinceridad brutal" sobre el pensamiento que provoca el miedo. ¿De veras nunca aprenderá a ayudar? ¿Cree de verdad que nunca dejará los pañales? ¿Que nunca aprenderá modales? ¿Que no aprenderá a leer… a menos que le fuerce a hacerlo ahora? Una vez se dé cuenta de que sus pensamientos no representan la realidad, puede actuar sin obedecerlos y responder a la expresión presente del niño.

El miedo a que se aprovechen de uno es común entre los padres. El siguiente ejemplo surgió en uno de los talleres de orientación familiar que ofrecí en casa.

> *Pete, de tres años, comía tortilla junto a su madre. Tras unos bocados se detuvo y dijo: "Mamá, dámelo tú".*
>
> *Sandy dudó. Pete comía solo desde hacía un tiempo. Se incomodó y dijo: "Ya sabes comer solo. Tienes tres años".*
>
> *"Pero, mamá, quiero que me lo des tú."*

Sandy ofreció su mano y dijo: "Toma mi mano y me haces dártelo". Intentó hacer participar al niño con su solución, pero él se negó.

Al comentarlo en la reunión, Sandy reveló su miedo a ser controlada y manipulada por su hijo.

"Si no te preocupara esto, ¿le habrías dado tú de comer?", pregunté.

"Claro," respondió rápidamente con una sonrisa. "Me gusta darle de comer. Él habría reído y nos habríamos mirado felices." Al darse cuenta de que sus pensamientos, y no Pete, eran la causa del miedo, Sandy recuperó el poder. Estaba en sus manos, no en las del niño.

Aquella noche Pete le pidió que le pusiera el pijama y le abrazara para dormirse en sus brazos. Ella lo hizo. Mientras él se dormía, Sandy empezó a llorar. Lo acostó y dijo: "Normalmente tarda mucho en dormirse. Aquella noche la situación fue diferente, apacible y tierna".

Sandy siguió explicando cómo solía dudar al responder a la necesidad de Pete de ser cuidado. "Es un niño tan contrario a todo. No quiero que siga necesitándome ni que se acostumbre a que le sirva siempre", explicó.

"¿Qué quieres decir con que es contrario a todo?", pregunté.

"Siempre se muestra en contra..." Sandy empezó, luego se detuvo. "Ah, ya veo, quieres decir que soy yo la que se muestra contraria."

"Bueno, ¿quién lo hace?"

"Yo niego sus elecciones y soy la que dice que es contrario a todo." Sandy rió al darse cuenta de que

lo que veía en su hijo era en realidad la enseñanza que debía seguir. Quería dejar de ser contraria a las necesidades del niño.

Tras la sesión, Sandy decidió responder a las peticiones de Pete y observar su diálogo interior sin obedecerlo. En dos días afirmó que Pete "se había vuelto" un niño considerado y alegre y que ambos disfrutaban de muchos abrazos y cariño. Dijo: "Sabes, es extraño, temía responder a las peticiones de cariño de mi hijo, pero con frecuencia temo del mismo modo ponerle límites y evitar que haga daño o que revuelva mis cosas. No sé imponerme cuando se pone agresivo y me disgusto y me enfado con él".

"¿Qué temes?"

"No lo sé."

"¿Qué puede pasar?"

"No me escucha y me siento vencida e impotente."

"¿Crees de veras que no responderá?"

"En realidad, no", dijo. "Pienso que temo por mí."

"Sí."

"Que no merezco cariño."

Sandy hizo una pausa y miró por la ventana. Sus ojos se llenaron de lágrimas y dijo: "De niña estaba convencida de que mi madre no me quería porque no era lo bastante buena. Pensaba que no merecía que me cuidaran. Ahora tengo miedo de dar amor a mi hijo y además no me atrevo a pedir nada para mí".

Cuando uno es consciente de estar escatimando el cariño o cuando no se atreve a proporcionar orientaciones claras, puede preguntarse: "¿Qué temo que pueda ocurrir?". Deje que su voz interior se exprese sobre el papel e investigue los pensamientos que le alejan de su hijo. Coloque sus pensamientos de miedo bajo un foco de "verdad". Con el tiempo y la práctica, su mente aprenderá a apartar estas reacciones como material para estudiar, no como directrices para actuar en el presente. Entonces conseguirá relajarse tanto para querer a su hijo como para quererse a sí mismo.

Cuando se retira el amor debido a los miedos, el niño puede sentirse herido y actuar desesperadamente. Entonces se puede pensar que su comportamiento es la prueba de que los miedos de los padres eran fundados y de que no deben darle amor. Cuando esto ocurra, deténgase y comprenda que su comportamiento es sólo la prueba de que también él tiene miedo. Es el miedo a perder su aprobación lo que conduce al niño a la agresividad y las acciones desesperadas. Su mente interpreta el hecho de no conseguir su aprobación como la prueba de que es un niño no valorado y no querido. En cambio, la seguridad del amor paternal forma personas apacibles y bondadosas. Como ocurre con el aire, sólo nos damos cuenta de que necesitamos amor cuando no lo tenemos. Cuando abunda, lo damos por sentado y florecemos. Al darnos cuenta de que el miedo es un pensamiento, no una realidad, somos libres para actuar sin dejarnos guiar por él. Esto nos permite disfrutar del amor que se nos da y darlo con la misma facilidad.

DESHACERSE DEL MIEDO A DAR ORIENTACIÓN

Muchos padres son capaces de dar amor a sus hijos de forma incondicional. Algunos de ellos experimentan sólo el miedo a la hora de proporcionarles orientación. Los niños experimentan el amor con facilidad cuando pueden confiar en la orientación de los padres.

> *Ya-Fei estaba desesperada cuando me llamó. Dijo que no podía llevar a su hijo de nueve años a las actividades extraescolares porque su hermano menor, de siete años, se negaba a salir de casa o a dejar que ella saliera y quedarse él con su padre.*
>
> *"Una vez estamos en marcha, se porta bien. En realidad, le gusta. Pero no puedo seguir así. No puedo salir de casa. Si lo intento, Leo se enfada tanto que empieza a romper cosas, se encierra en el baño y tiene una rabieta."*
>
> *"¿Cuál es la verdad sobre su capacidad para salir de casa?", pregunté.*
>
> *"Puedo salir, pero temo las rabietas de Leo."*
>
> *"¿Y cree que él se beneficia cuando consigue evitar que salga usted?"*
>
> *"Pues no," contestó Ya-Fei. "No sé lo que quiere."*
>
> *"Y usted, ¿qué quiere, Ya-Fei?"*
>
> *"Las necesidades de mis hijos se contradicen. No sé lo que quiero."*
>
> *"Sí", dije, "y esta es la razón por la que su hijo está confundido e intenta aclararse."*
>
> *"Entonces, ¿está reflejando mi incapacidad de dirigirles?"*
>
> *"Sí."*
>
> *Ya-Fei se sintió aliviada al terminar la sesión telefónica.*
>
> *"¿Cómo ha ido?" pregunté en la siguiente sesión.*

"Expliqué a Leo que no saldríamos mucho para que pudiera pasar más tiempo en casa. También le expliqué que cuando su hermano tenga que ir a algún sitio, le acompañaré y que él puede venir con nosotros o, cuando sea posible, quedarse con papá o con la canguro.

Vino con nosotros. Sin problemas. No me lo podía creer. Incluso decidió llevarse un juguete y se fue hacia el coche antes que yo."

Cuando ofrecemos una orientación clara, el niño se apoya en la seguridad que le ofrecemos y es libre para explorar y crecer. No tiene que batallar para saber qué esperar.

El niño también puede manejar diferentes maneras de crecer cuando conoce la cultura de su familia, sabe que el amor es constante, se siente libre para expresarse y sabe exactamente qué esperar. Efectivamente, dentro del contexto del amor y el respeto, los niños se convierten en adultos prósperos, a pesar de las diferencias culturales y económicas.

Moses y Adam son dos jóvenes a los que tuve el privilegio de alojar en casa. Moses estuvo con nosotros unos días participando en un programa de intercambio estudiantil y Adam como estudiante educado en casa pasó un verano con nosotros. Ambos siguen en contacto con nosotros desde hace años.

Moses tenía quince años cuando estuvo en casa. Se crió en una familia de indios americanos, en un entorno estricto. Se mostraba seguro de sí mismo, responsable, amable y expresivo. Irradiaba belleza interior y fortaleza emocional. Quería mucho a la familia con quien se había criado y nos explicaba

> *apasionado historias sobre su cultura y tradiciones. Nos explicó cómo se había dado cuenta de lo diferente que era de sus compañeros de colegio; no sólo aceptaba estas diferencias, sino que estaba orgulloso de ellas. Apreciaba lo que sus padres le habían dado; las normas estrictas de comportamiento en su casa se apoyaban en un cariño constante y se hacían cumplir sistemáticamente.*
>
> *Adam, en cambio, procedía de un hogar lleno de libertad e igualdad. Me conmovió su capacidad de conectar con los demás y mostrarse vulnerable. Su sentido del humor rompía la tensión sin herir a nadie. Como Moses, Adam descubrió que era diferente a sus compañeros. Creía que el hecho de no estar sometido a la presión de los compañeros de clase le proporcionaba la fuerza que tenía. Se enorgullecía de ser dueño de su persona. "No importa lo que los demás piensen de mí. Sólo importa que esté en paz conmigo mismo", explicó.*

Estos chicos poseen la confianza que proporciona la claridad. Si el contexto de la convivencia está claro para el niño, no necesitará gastar energía temiendo lo que puede ocurrir ni imaginando las directrices; en su lugar, será capaz de disfrutar plenamente de la vida. El miedo de imponernos como padres se interpone en el camino de nuestro amor.

Ser claro acerca de la manera en que funciona la familia significa que si el niño tiene plenos derechos de igualdad y se le expone a los que ofrece la cultura, entonces precisa claridad para saber cómo sentirse seguro, cómo pedir su consejo, cómo respetar la libertad de los demás y cómo se le ayudará cuando se sienta perdido. Si, por el contrario, el niño crece con libertades individuales, las fronteras relacionadas con su grado de exposición a la cultura o el estilo de vida familiar, entonces debe disponer de directrices sobre la toma de decisiones en la familia, sobre el funcionamiento de su mundo social, saber quién está a cargo de qué y saber cómo trazar su propio camino de forma autónoma.

Sea cual sea su cultura familiar, sea claro acerca de ella y su hijo se esforzará por encajar en ella. Sea claro también en su esfuerzo por distinguir entre sus defensas y su auténtica capacidad para amar. El niño está capacitado para aceptar su falibilidad siempre y cuando usted se muestre abierto y sincero.

DESHACERSE DEL MIEDO A LA ESCASEZ

Uno de los mayores miedos con que vivimos es el de no tener suficiente amor. Es el resultado de haber recibido el amor de forma condicional cuando éramos pequeños y de una cultura en que la idea de recibir lo bueno es condicional. Un niño en nuestra sociedad ve mucho intercambio de bienes y servicios y pocas ocasiones en que se dé algo sin recibir nada a cambio. El resultado es tensión en las relaciones: "¿Será recompensada mi amabilidad? ¿Qué provecho saco de esto?". Sin embargo, la amabilidad siempre se ve recompensada porque el hecho de dar es la recompensa.

Si de niño no recibió usted suficiente atención, afecto u otras expresiones de amor, es posible que experimentase el cariño como algo por lo que debía luchar. Para seguir con la analogía del aire: si el amor era condicional, entonces probablemente se esforzara usted constantemente por no asfixiarse y conseguir "respirar" amor. Esta experiencia puede bloquear su capacidad de soltar sus defensas y su miedo de no conseguir lo que necesita. Dificulta la capacidad de dar y recibir. Esta voz interior del miedo puede ser tan fuerte que le resulte difícil vivir el momento presente con su hijo. Pero vivir aquí y ahora con su hijo es la mejor manera de liberarse de la tiranía de estos viejos discos sobre la escasez. Escuche lo que dice su mente, investigue su validez y averigüe cómo estaría sin esta creencia en particular. Entonces compruebe si la lección que tiene en su mente para su hijo le beneficiaría a usted de algún modo. Cuando se aclare, preste atención a su hijo (A y P de A.P.E.G.O.).

No puede acercarse más a Dios ni a lo que no podemos comprender de lo que se lo permite el amor. La creación pone en sus manos la responsabilidad de cuidar de un ser humano hasta su madurez. Debe hacerlo sin convertirle en su creación, lo cual ahogaría la magia de su ser. Trate a su hijo con reverencia y no necesitará manuales de educación.

El amor fluye abundantemente y sin límite, mientras no nos interpongamos en su camino. Controlar el flujo del amor es como cerrar una puerta y decidir qué cantidad recibirá el siguiente. Dejar que el amor fluya significa mantener abiertas las puertas de ambos extremos. Cuando su compromiso respecto al niño sea mayor que sus miedos personales, crecerá usted más allá de sus limitaciones y su hijo florecerá.

ALIMENTAR EL AMOR A SÍ MISMO (EL MIEDO DE HACERSE VALER)

Para liberar el flujo de amor hacia el niño, necesita usted quererse y valorarse a sí mismo. Así, es más fácil que le quieran los demás, lo cual aumenta el flujo de amor hacia su hijo. Sólo se puede dar si alguien recibe; recibir es un acto de amor.

La percepción de escasez y amor condicional experimentados de pequeños por muchos padres les incapacita para mantener abiertas las puertas del amor para que el amor fluya en ambos sentidos. Pueden sentirse necesitados y tener dificultades para dar amor, o pueden rechazar el amor en diversos grados, por creerse poco merecedores de él. Al no haber recibido amor incondicional de pequeños, muchos adultos invierten dinero y tiempo persiguiendo sustitutivos en la comida, los objetos, la televisión, la fama y otras estrategias de consuelo. Cuando están inseguros de la propia valía, los padres tienden a no imponerse y, por tanto, a dudar y no ofrecer orientación clara a su hijo.

Le debe al niño curarse usted y cerrar la puerta del pasado. Utilice el proceso de investigación ofrecido en el presente libro para explorarse y comprender cómo su propia mente le engaña para poder superarse. Recurra a la orientación, el trabajo en grupo, los libros, el arte o cualquier otra actividad que le sirva para reconstruir su autoestima y llevar adelante su capacidad de mostrarse presente y fluir con la situación actual. Reavivar su amor incondicional por sí mismo le liberará para dar amor y, así, se sentirá además reconfortado al dar.

Convertirse en padres significa dar un gran salto, de sentirse nutrido por la autogratificación a sentirse nutrido por la gratificación de otra persona. Es un camino en que se aprende a apartarse de la resistencia, a abrazar lo que el momento actual presente. Cuanto más seguro se sienta usted de su valía, menos necesitará centrarse en sí mismo y negar las elecciones de su hijo. Sentirse seguro de la propia valía y no preocuparse por conseguir amor le liberará y podrá amar a su hijo y disfrutar de su contribución a su vida. Además, liberarse de la necesidad de ser valorado impresionando a los demás o depender de su aprecio le garantiza que en los momentos difíciles, en público o con la abuela, su amor por su hijo dictará sus acciones y no su preocupación por impresionar a los demás.

Aunque vivir con niños nos obliga a madurar e ir más allá de dedicar nuestra vida a cumplir nuestros propios deseos, necesitamos prestar atención a nuestra propia satisfacción. Al alimentar y apoyar el desarrollo de otro ser humano para que cumpla sus sueños, se alimentan las propias aspiraciones de forma directa e indirecta; pero sus sueños no son los suyos, ni cumplirlos significa cumplir los suyos. Al unirse al viaje de su hijo, su propio crecimiento se ve favorecido de formas impredecibles que irá incorporando a su propio camino. A continuación, refiero la historia de una madre que me dijo que la maternidad constituyó su carrera personal.

> *La madre de dos niños, Dorothy, me llamó porque se sentía triste ante el hecho de ver cómo su carrera se desvanecía. Había dejado de tocar el violín, bailar y actuar. Se dedicaba únicamente a satisfacer las necesidades de sus hijos, que incluían el colecho, la lactancia simultánea y criarlos sin recurrir a centros infantiles ni canguros. Tenía pensado educarles en casa. Cuando me llamó tenía tiempo para ir únicamente a una clase de danza semanal.*
>
> *Con frecuencia nos escondemos detrás de viejas necesidades con el fin de evitar el presente. Animé a Dorothy a explorar la verdad acerca de lo que quería para sí en aquel momento.*
>
> *"Quiero disfrutar de mis hijos", dijo, "sin embargo, también echo de menos la persona que era antes."*
>
> *"¿Disfrutarías más de tus hijos si no echaras de menos tu vida de antes?", pregunté.*

"Sí, sería un alivio", dijo Dorothy enseguida. "Pensar que me falta algo me duele. Pero, ¿cómo saber que no me falta nada?"

Sugerí a Dorothy que explorara sus verdaderas pasiones en el presente en lugar de sentirse obligada a querer lo que tenía en el pasado.

La semana siguiente, Dorothy me dijo que cantaba mientras hacía otras cosas y cuando el niño estaba en la mochila portabebés.

Unos años más tarde Dorothy asistía a clases de canto y cantaba en un coro. Dijo que nunca había disfrutado más de la música. Entonces su hija también se interesó por la música y ambas acabaron juntas en el escenario, cantando, bailando y actuando.

Cuando elogié su logro, Dorothy destacó: "Lo mejor es que he madurado en aspectos que nada excepto la maternidad hubiesen alimentado. No sólo disfruto de mi vida, sino que además tengo la capacidad de confiar en el modo en que la vida evoluciona y atesorar cada momento; esto enriquece mi matrimonio y todas mis relaciones y experiencias".

Y otra historia similar:

Un padre que abandonó su empleo para educar a su hijo me explicó cómo, cuando el dinero se agotó, decidió empezar a trabajar desde casa porque quería seguir siendo parte de la vida de su hijo. Su negocio de programación informática iba muy bien, y me dijo que no sólo su trabajo era mucho más interesante que antes, sino que su hijo se había convertido ya en un experto programador a los trece años de edad.

Cuando nos entristece lo que dejamos atrás es porque seguimos habitando el pasado. En el presente siempre hay cambios, lo cual es satisfactorio cuando se es conciente de ello y se vive aquí y ahora. Las nuevas posibilidades surgen continuamente, pero cuando la mente se aferra al pasado, es probable que no nos demos cuenta ni disfrutemos de lo que nos sucede. Dirigirse a lo desconocido significa estar vivo. El miedo a dejar atrás el pasado dificulta el disfrute completo de nuestros hijos en el presente. Cuando se tienen hijos, la vida no vuelve a ser igual nunca más; será diferente, rica y cambiante. Mientras sigamos la corriente de forma creativa y celebremos el cambio, disfrutaremos de las mejores experiencias que vive un ser humano.

Puede satisfacer al menos algunas de sus necesidades mientras se centra en su hijo. Al mismo tiempo, su capacidad de disfrutar del amor y atención que da a su hijo está directamente relacionada con cuidar de sí mismo. Lo hace por usted, por su disfrute. Para rejuvenecer la alegría de la paternidad, puede dedicarse un tiempo a sí mismo; tan sólo diez minutos al día le ayudará a disfrutar, en lugar de padecer las necesidades constantes de su hijo. Pero, por encima de todo, fíjese en lo que se dice a sí mismo y provoca la impaciencia o resentimiento. Averigüe cuál de sus pensamientos le causa dolor y cuáles fortalecen su capacidad de amar y vivir con su hijo.

La satisfacción surge cuando se está presente; cuando lee un cuento a su hijo mientras desearía cuidar del jardín, les priva a ambos del goce del momento. O bien salga con su hijo al jardín y trabaje primero en él, o léale el cuento y guarde el pensamiento del jardín para más tarde. Disfrute del momento; déjese llevar por el cariño y la admiración que siente por su hijo. Si su cabeza está en el jardín, se lo perderá.

Los padres a menudo me comentan que a veces sufren cuidando de su hijo y en cambio al día siguiente, haciendo lo mismo, se divierten inmensamente. La diferencia consiste en elegir quién se quiere ser. En otras palabras, se puede estar con el niño y disgustado (queriendo estar en otro sitio), o se puede estar con el niño y feliz. Lo que le ayudará a estar presente es detectar los pensamientos que le apartan del momento, anotarlos y explorar su efecto en usted.

Naturalmente, la mayoría de los padres no llegan a la paternidad preparados con todas las habilidades necesarias. Al parecer, evolucionamos "sobre la marcha", y este es otro aspecto que aprendemos a apreciar. No se pierda la vivencia intentando amoldar a su hijo a sus limitaciones; en lugar de ello, vivir con niños le da la oportunidad de romper estas limitaciones para poder ser más cariñoso.

En una sesión telefónica, Robin tomó este tipo de decisión:

> *Ayla, de ocho años, tenía el hábito de repetir palabras y frases incesantemente mientras saltaba y charlaba sin parar. Robin, su madre, no lo soportaba y a cada momento interrumpía el feliz cotorreo de su hija.*
>
> *Pregunté a Robin qué siente cuando le asalta la necesidad de acallar el parloteo repetitivo de su hija.*
>
> *"Me siento irritada e impaciente. Quiero silencio. Quiero estar tranquila."*
>
> *Robin estaba convencida de que su necesidad era real, lo correcto, y de que su hija debía cambiar su hábito por el bien de su madre. Quería que yo le enseñara mejores maneras para controlar a la niña.*
>
> *"El comportamiento de Ayla estimula tu malestar. ¿Seguro que quieres limitarla?", pregunté. "¿O te gustaría liberarte de esta sensación de agobio y tener la libertad de escuchar con deleite a tu hija?".*

"Claro que quiero la libertad. Ahora mismo no tengo ningún control sobre mi necesidad de detenerla. No tengo elección. Me veo obligada por mi voz interior. No funciona. Ella se enfada conmigo y yo me siento culpable y desconectada", dijo Robin.

"Cuando te rindes a los dictados de tu voz interior y haces callar a la niña, ¿qué evitas?", pregunté. *"Si ella siguiera hablando, ¿cómo te sentirías?"*

La voz de Robin temblaba. *"No sé qué es. Sólo sé que estoy llorando."*

"Sí", dije, *"Te comprendo. Deja paso a la tristeza."*

"Mi madre siempre me mandaba lejos. Quería deshacerse de mí", recordó Robin. *"Me sentía como una molestia para ella. Y ahora hago lo mismo. Me siento igual con Ayla. No quiero ser madre. Pero sí quiero. Quiero a Ayla."*

"¿Desearías querer ser madre?"

"Sí, eso es. Pero cuando lo soy, quiero escapar."

"¿Temes volver a sentir la soledad de tu infancia?"

Robin respondió: *"Sí, el dolor de ser rechazada por mi madre. Nunca pensé que estaba escondiendo mi infancia con el fin de evitar mis heridas. Ahora debo elegir entre crecer o limitar a mi hija"*. Se rió: *"En el fondo, la obligo a satisfacer mis necesidades y adaptarse a mis limitaciones. Sí, me gustaría ser feliz escuchando el parloteo de Ayla y deshacerme de ese viejo dolor"*.

"Más tarde podrás explorar el pensamiento sobre el rechazo de tu madre que te provoca dolor", sugerí. *"En realidad no rechazas a tu hija, y tu madre seguramente se encontraba en una situación simi-*

lar. Por ahora, no obstante, ciñámonos a tus pensamientos dolorosos sobre Ayla.

Cuando tu voz interior dice 'No lo soporto, tiene que callarse', tómate un minuto para darte cuenta de ello; anótalo y míralo. ¿De veras deseas que tu hija deje de farfullar?"

"No. Quiero que sea libre."

"¿Puedes imaginar cómo te sentirías cuando parlotea si el pensamiento de que te molesta no pasara por tu cabeza?"

"No lo sé. Nunca me ha pasado."

"Imagina que lo consigues. Tu hija se ha adaptado y ha dejado de parlotear. ¿Cómo te sentirías?"

"¡Dios mío! ¡Muy mal! Ah, ya veo... sin el pensamiento que me dicta que es una molestia, quiero que sea ella misma, libre, viva, feliz, expresiva."

"Cuando eres libre de tus pensamientos, ella también es libre."

"Sí. Eso es. Sin estos pensamientos, simplemente la quiero."

"¿Ves que tus expectativas de su silencio son una lección para ti?"

"Sí. Seré más feliz si dejo de escuchar el parloteo repetitivo de mi cabeza. ¡Vaya! ¡Sí! Ella es ella misma y así puedo quererla."

En cuanto sus limitaciones entorpecen el amor y la generosidad, tiene una oportunidad de liberarse. ¿Se quiere lo bastante a sí mismo como para salir fuera de su prisión emocional? Igual que apoya a su hijo para que actúe a pesar de sus miedos, usted puede hacer lo propio. Cuando elija el amor por encima de su historia de dolor, el niño aprenderá a hacer lo mismo.

Aumentar la tolerancia no significa sacrificarse y siempre ceder ante el niño. Significa distinguir entre las necesidades y las limitaciones impuestas por la voz interior. Si necesita controlar o escapar, observe sus pensamientos con amor, pero no deje que estos dicten sus acciones. Recurra a un consejero o un amigo para que le ayude a explorar la validez de sus pensamientos para su hijo o para usted. Cuando el niño le ve sucumbir a sus limitaciones emocionales, no aprenderá una lección de amor a sí mismo, sino una sobredebilidad y miedo. Al adaptarse a sus limitaciones emocionales, el niño aprende a temer las emociones, suyas y de los demás. El niño puede tener en cuenta las necesidades de los padres y ser amable y generoso cuando recibe amabilidad y cuando nota que sus padres cuidan de sí mismos ejerciendo su poder.

Sentirse conectado mediante el amor no depende de recibirlo de otra persona. La existencia de una relación adulta enriquecedora es una bendición pero no un requisito. La que cuenta es principalmente su relación consigo mismo. Sentirse satisfecho emocionalmente se consigue estando en el ahora y valorándose a sí mismo, lo cual le permitirá valorar a su hijo tal como es y obtener el gran goce de verle crecer.

Quererse a sí mismo también le ayudará a mantener al niño libre de la carga de proporcionarle amor. Su hijo no está aquí para darle cariño ni gratitud para satisfacer sus sueños o aspiraciones. Su existencia por descontado enriquecerá su vida y le aportará significado, amor y dirección –pero no puede usted definir su forma de relacionarse con el niño basándose en estas expectativas–. En cuanto se dispone de unos objetivos que se desea que el niño cumpla, se está intentando satisfacer las propias necesidades, no las del niño.

Algunos padres confunden prestar atención al hijo con utilizar su vida para satisfacer sus propios sueños. Concentrarse en las necesidades de otra persona no significa utilizar su camino para alcanzar las propias aspiraciones. Cuando se quiere al niño, uno se concentra en él y no en uno mismo; cuide de usted independientemente de proporcionar al niño sus propios medios.

Unirse a la vivencia del niño puede resultar una enorme satisfacción precisamente porque no se trata de uno mismo. Si uno se rinde a la vivencia, está presente en el ahora, libre del ruido mental. La libertad de sus deseos personales permite que el viaje sea asombroso, como lo es un viaje hacia un lugar donde no se ha estado nunca. De hecho, acompañar al niño en su camino es verdaderamente un viaje a una tierra desconocida, y es la forma que tiene la naturaleza de hacerle vivir el ahora.

COMPLACER A NUESTROS PADRES

Si, como la mayoría de las personas, a usted le han condicionado para que se gane la aceptación, es posible que se encuentre eligiendo algunos de los métodos de sus padres basados en la necesidad de llegar a las expectativas de ellos u otras personas. En este aspecto, también, trabajar su autoestima, solo o con la ayuda de un profesional, puede ayudarle a cuidar de su hijo sin hacerlo para dar una buena imagen o para agradar a sus padres. Querer a su hijo significa no supeditar sus necesidades a la impresión que usted da como padre. En uno de mis talleres, una madre explicó su experiencia:

> *A los cuatro años, Nathan todavía llevaba pañales. Sus padres confiaban en él y no querían convertir el asunto en un problema.*
>
> *Cuando la tía Lily vino de visita, expresó su consternación y empezó a hablar a Nathan sobre el*

uso del baño. Una mañana le dijo: "Te llevaré de paseo al parque si usas el inodoro y te vistes sin pañales". Nathan rechazó la oferta.

"Vamos, tú puedes hacerlo. Nos divertiremos y te compraré caramelos", dijo la tía Lily.

Aunque no estaba de acuerdo con la trama manipuladora de Lily, la madre de Nathan, Martha, dijo: "Sí, Nathan, podrías probarlo. Tal vez sea el momento de dejar los pañales y te divertirás".

Nathan se quedó helado. Su propia madre no estaba de su parte y se sintió confundido e indefenso.

"¿Y bien?" dijo la tía Lily.

Nathan volvió a mirar a su madre (en busca de apoyo). Y se marchó a su habitación llorando.

La inseguridad de Martha la condujo a ir contra la necesidad de su hijo. Incluso los más seguros de nosotros caemos en la trampa de complacer a familiares o incluso extraños. Debemos ser conscientes de ello para sacrificar nuestras prioridades menos veces. Martha se dio cuenta y cambió de dirección.

Nathan salió corriendo de su habitación y empezó a golpear a su madre.

"Venga, no hay que pegar", dijo la tía Lily, pero Martha le hizo una señal para que callara y preguntó a Nathan: "¿Estás molesto porque necesitas tomar tus propias decisiones?".

"Sí, sí", dijo. Dejó de pegarle y se echó al suelo.

"¿Te hubiera gustado que te dejáramos decidir a ti?", preguntó Martha tocándole suavemente.

Nathan dejó de patalear y dijo: "Sí, no me quieres. ¡Y yo tampoco te quiero!".

"Cuando la tía Lily te invitó a salir con ella si no llevabas pañal, te hubiese gustado que le hubiera dicho que no te molestara con el tema, ¿verdad?"

"Sí, tú eres MI madre, no la suya", lloraba Nathan.

"Tienes razón. Y puedes llevar pañales todo el tiempo que quieras. Le diré a Lily que tú eres quien toma las decisiones sobre tu cuerpo."

Se volvió hacia Lily. "Nathan necesita decidir por sí solo."

"Bueno, está bien", dijo Lily, "salgamos de paseo y a comprar caramelos igualmente".

"No quiero", declaró Nathan.

Los tres hicieron nuevos planes para esa tarde.

Querer a un niño es estar de su parte independientemente de la impresión que demos a los demás. Como padres, debemos proteger la dignidad y bienestar de nuestro hijo.

SER COHERENTE

Los padres a menudo creen que deben ser coherentes con las respuestas que dan a los hijos. Al intentarlo, a veces hacen cosas que hieren al niño o crean enfado y desilusión porque temen que la falta de coherencia confundiría al niño. La única coherencia que importa es el amor. Cuando sus acciones no son consecuentes con el amor, el niño no sólo queda confuso, sino también lastimado y mal orientado. Y usted no es fiel al cariño que siente.

Cambie las normas, no el amor; el amor debe ser la única guía coherente de sus acciones. Pregúntese: "¿Percibe mi hijo mi cariño? ¿Me guía mi amor cuando le riño, o insisto en que ordene su habitación, que acabe los deberes o termine la cena?". Si su hijo le obedece y ordena su habitación mientras se siente resentido y poco valorado, ¿vale la pena esa habitación ordenada? Si hace los deberes, saca buenas notas, pero no se siente seguro de su amor, ¿qué valor tienen? ¿Hay nada más importante que querer a otro ser humano y que lo sepa sin dudarlo?

"La ventana"

de Bruce Linton

Me preparaba para ir a trabajar,
para dar una clase.
Colocaba mis notas en el maletín
cuando la pelota
atravesó la ventana
y el cristal saltó:
un millón de diminutos cuchillos
volaron por la habitación.
En ese momento
la ira empezó a crecer dentro de mí,
la frustración por una casa
que nunca estaba lo bastante ordenada,
el gasto de la reparación,
los días viviendo con un cartón
en sustitución del cristal,
la idea de
no llegar nunca
a limpiar todo el cristal estallado,
y más enfado sentía ahora
al saber
que llegaría tarde a clase.

Oí los pies de cuatro años
subir la escalera.
Vi tu bracito
abrir la puerta,
tus ojos buscando los míos,
en lágrimas.
Y la historia cambió.
Te abracé, "¿Te has hecho daño?
Es sólo una ventana,
la cambiaremos.
Sólo me importa
que no te hayas lastimado.
Sólo es un cristal,
tú eres mi hijo.
Te quiero.
Vamos a por la escoba."[3]

A menudo me preguntan: ¿Son tan sensibles los niños que tenemos que "andar de puntillas" para preservar su bienestar emocional? Mi respuesta es: no, sólo tenemos que "andar por el camino del amor". Los niños aguantan los tiempos difíciles y los grandes retos si están seguros de nuestro amor y pueden expresarse plenamente. Cuando se les deja andar sobre la alfombra del cariño tendida a sus pies, serán fuertes y llenos de recursos.

NOTAS: CAPÍTULO 2

1. *Beloved Prophet: The Love Letters of Kahlil Gibran and Mary Haskell, and Her Private Journal* (Knopf, 1972)
2. Leo Buscaglia, *Love: What Life is All About* (Ballantine Books, reedición 1996)
3. Dr. Bruce Linton *"The Window"*, un poema de *"Wife, Son, Daughter: A Father's Poems"* (Fathers Forum Press, Berkeley, CA, 1995; ISBN0964944138; con permiso)

Capítulo 3

Libertad de expresión

Los arrebatos emocionales del niño

Las capacidades de llorar, reír y expresar los sentimientos y pensamientos con palabras son únicamente humanas. Al expresar lo que está en nuestra mente, mantenemos nuestro bienestar emocional y recuperamos la libertad para seguir adelante. Aunque algunas personas son capaces de acallar sus mentes y seguir adelante, la gran mayoría vivimos como si fuéramos nuestra mente y, por tanto, necesitamos herramientas para manejar estas reacciones y heridas. Expresarnos es también nuestra manera de crear una conexión con las personas que queremos. Los niños se expresan no sólo para mantener su propio bienestar emocional, sino también su desarrollo intelectual y social.

Impedir a un niño que exprese plenamente lo que siente no detiene sus sentimientos, sólo la expresión de los mismos. Cuando el niño se ve incapaz o inseguro para expresarse como quisiera, sus sentimientos se acumulan hasta que llega a un estado de angustia. Esto conduce invariablemente a manifestaciones físicas, evolutivas y del comportamiento, como la agresión, la depresión, tics, compulsiones, dificultades del aprendizaje, trastornos del sueño, etcétera.

La mayoría de nosotros apreciamos, e incluso fomentamos en nuestros hijos, la risa, la creatividad y otras formas agradables de autoexpresión. Sin embargo, cuando un niño expresa dolor, rabia, celos, soledad, desilusión o pena, somos propensos a detener el sano flujo de sentimientos, dificultando su desarrollo e interfiriendo en su bienestar emocional. La tendencia de buscar maneras de solucionar la situación puede distraernos de la necesidad del niño de liberar sus sentimientos. Muchos pequeños acontecimientos, como una rodilla arañada, una visita cancelada, un insulto o un desengaño no requieren solución aunque el niño reaccione con lágrimas o rabia. Aunque debemos evitar dramatizar y sumarnos a la respuesta del niño, podemos escucharle con calma y validar sus sentimientos. Entonces podrá verse capaz de manejar sus emociones.

Cuando a un niño se le ha escuchado completamente, su capacidad de recuperarse de las heridas emocionales más comunes es marcadamente rápida. Tal vez necesite expresar poca cosa, o puede tener una gran pataleta. De cualquier forma, cuando tiene la libertad de dar a conocer sus sentimientos a sus atentos y cariñosos padres/adultos, puede dejar la rabia y las lágrimas atrás y ponerse a jugar como si nada hubiera pasado. La mente todavía no controla al niño como controla a la mayoría de adultos; sale adelante fácilmente si no frenamos sus emociones deteniendo su expresión o añadiendo nuestras reacciones.

En el raro caso en que el niño persista en expresar su disgusto a pesar de su escucha y apoyo, se puede asumir que el acontecimiento presente ha evocado viejos recuerdos dolorosos que no se solucionaron enteramente cuando sucedieron. El niño se siente seguro ante su presencia y aprovecha su atención para deshacerse de un viejo dolor. Entonces llorará o rabiará más tiempo y su escucha atenta permitirá la curación. Más adelante encontrará ejemplos de cómo el niño utiliza un acontecimiento presente para desatar sentimientos del pasado.

Evite plantar sentimientos en la mente del niño. Espere a que él evalúe su propia respuesta a lo ocurrido. Las expresiones como "Oh, vaya, esto duele" antes de que el niño haya formado su propia respuesta o "Debes de sentirte triste" antes de que el pequeño evalúe sus emociones sobre la situación no le ayudan. Es posible que acepte la oferta, y en ocasiones forme una actitud para el resto de su vida. Confíe en su hijo. Si necesita expresar sus sentimientos, lo hará; si no, no lo hará. No le toca a usted decidir ni provocar su expresión ni la ausencia de ella. Sea lo que fuere, lo que exprese el niño será auténticamente suyo. No le enseñe a sentirse afligido si es capaz de superar la situación enseguida, y si comparte o llora, valide sus sentimientos sin dramatizarlos. La mayoría de las veces los niños se expresan brevemente; es nuestra intención de detenerles o dramatizar su historia lo que alarga el proceso.

Como consejera, a menudo oigo historias sobre la rápida recuperación de los niños. Un ejemplo, relatado en el Capítulo 1, ilustraba la pronta recuperación de Orna del disgusto por tener que marcharse de la piscina. Estaba lista para el presente en cuanto su madre había escuchado y validado su experiencia. Cuando los padres proyectan sus propias preocupaciones, el niño las refleja aferrándose al dramatismo. Cuando los padres aprenden a dejar fluir libremente la rabieta o la tristeza, observan asombrados cómo el niño se recupera.

Tamara me llamó para preguntarme cómo responder a la rabia recurrente de su hija Sarah. "Se cae la torre y llora; se rompe el plátano y se lamenta. Todo parece trastornarla."

Pregunté a Tamara cómo reaccionaba ante estos acontecimientos.

"Intento arreglar las cosas enseguida. Le doy otro plátano, construyo otra torre o busco una manera de compensar a Sarah", dijo.

"¿Es todo tan doloroso para tu hija?", pregunté.

"Eso parece", respondió Tamara.

"Sí. La ves incapaz de superar estas situaciones porque te crees tu idea de que no puede manejarlas. Pero ¿estás segura de que no puede manejarlas y quiere que arregles las cosas?"

"No."

"Entonces, cuando te apresuras a ayudarla, pensando que no es capaz de hacer frente a la situación, ¿qué sientes tú?"

"Ah, ya veo", dijo, echándose a reír. "Me siento incapaz de manejar su frustración. Yo soy la que se trastorna por todo. Todo lo que le ocurre me afecta a mí. Me entra el pánico. Lo arreglo todo por mi bien."

Una vez Tamara se dio cuenta de que su reacción respondía a sus necesidades y no a las de la niña, pudo ver que su hija no necesitaba su ayuda. Pudo ver que Sarah necesita experimentar la caída de la torre si ha de buscar su propia fuerza para superarla; que puede llorar por la cancelación de una visita o por un plátano roto insustituible, y si mamá no da por hecho que esto la supera, lo pasará y se sabrá capaz de sentir, expresarse y seguir adelante.

Impedir su disgusto es de hecho la razón por la que Sarah se siente impotente y estalla ante cualquier pequeño percance; utilizará cualquier motivo, por pequeño que sea, para experimentar enteramente sus sentimientos. Cuando se la rescata, se siente impotente; su objetivo queda frustrado. Verse capaz de superar retos la hará fuerte.

La semana siguiente, Tamara dio un gran paso; me contó que Sarah estaba pintando cuando la jarra de agua se volcó y estropeó su dibujo. Sarah se puso a gritar y Tamara recogió la jarra de agua y estaba a punto de ofrecer una compensación a Sarah para aliviar el disgusto. Entonces se acordó de ofrecer atención a Sarah, y en lugar de sacarla de su (sano) aprieto, Tamara la escuchó y validó.

"Era mi mejor dibujo", gritó Sarah y se tiró sobre el sofá pataleando y gritando.

"Quisieras el dibujo seco", dijo Tamara y se sentó junto a Sarah.

"Sí, lo quiero como era. Casi lo había terminado."

"¿Temes no poder hacer otro dibujo tan bonito?", preguntó Tamara.

"No podré hacer otro igual." Sarah pasó de gritar a llorar y Tamara quiso abrazarla. Ella rehusó pero siguió llorando y se fue acercando a su madre.

Lloró un par de minutos y luego calló. Tamara no dijo nada pero siguió atenta.

"Notaba que Sarah estaba pensando y parecía tranquila", me dijo Tamara. Tras un minuto de contemplación, Sarah se levantó y se fue a jugar con su muñeca. Más tarde, volvió a ponerse a pintar y estuvo contenta de su creación.

Tamara realizó un gran cambio al pasar de intentar alterar la realidad para Sarah a apoyar su capacidad para enfrentarse a la realidad. Se unió y validó la experiencia de Sarah en lugar de sacarla de ella; en lugar de negar los sentimientos de su hija con "No importa, puedes hacer otro dibujo", escuchó y validó la preocupación de Sarah. Validar los sentimientos no significa aceptar los hechos como reales. Sarah podrá crear otros dibujos, no evitando el sentimiento, sino haciendo las paces con su pérdida. Al poder expresar sus sentimientos, sigue adelante con facilidad. La felicidad es lo que experimentamos cuando apreciamos la realidad, no cuando nos oponemos a ella ni esperamos que nos rescaten. El niño aprende a sentir satisfacción al experimentar el poder de elegir las cosas como son.

El niño que experimenta nuestra presencia apacible muy probablemente concluirá que vivir emociones intensas forma parte de ser humano. Al sentirse cómodo con sus emociones, desarrollará una sensación de paz interior, sabrá que no hay necesidad de temer los retos y que los sentimientos que conlleven. Aprende a permitirse vivir plenamente estas experiencias y a resolver las situaciones con fuerza y responsabilidad. Una vez pasada la tormenta, podrá actuar con claridad y eficacia.

Mirando atrás, el niño puede incluso reconocerse a sí mismo como una persona más fuerte de lo que le cuentan las "historias" negativas de su mente, como hizo Luke, de doce años.

Luke estaba en nuestra casa con motivo de una reunión familiar. La noche anterior él y yo hablamos sobre la mente y sobre cómo los pensamientos llegan a ella y los obedecemos y hacemos cosas que no queremos hacer.

Luke y su hermano menor Timmy estaban sentados a la mesa de la cocina. De repente, corrieron hacia el piano y empezaron a gritarse y empujarse para sentarse en la banqueta.

> *"He dicho que iba a tocar y cuando lo he dicho tú has corrido para llegar antes que yo. Me toca a mí", dijo Timmy.*
>
> *"Yo iba a tocar antes de que tú dijeras nada", respondió Luke.*
>
> *"No, tú te has puesto a correr cuando yo lo he dicho. Tú estabas comiendo."*
>
> *"He tenido la idea antes, por eso he llegado antes al piano mientras tú hablabas."*
>
> *De repente, Luke se levantó y dejó libre el piano. Cuando iba hacia la habitación me vio. Sonrió y me dijo: "Me he pillado a mí mismo. Mi mente me dictaba la vieja historia de hacer enfadar a Timmy. En realidad no quería tocar el piano".*

Es raro para un chico de su edad ser capaz de distinguir sus pensamientos de su auténtica persona. Se puede fomentar esta conciencia de sí mismo modelando y permitiendo, no impidiendo, su libre expresión.

LA VALENTÍA DE SENTIR

Al prestar atención a un niño que llora o que expresa su rabia, es posible sentir malestar e incluso pánico. Se puede tener la percepción de que el niño sufre más allá de lo que es capaz de manejar. Esta percepción, no obstante, refleja en realidad el propio malestar. En consecuencia, la prisa por distraer al niño de su dolor o frustración, buscar una compensación a una desilusión o minimizar la importancia de la situación es una respuesta a nuestra propia angustia, no la del niño. No le ayudará a fortalecerse emocionalmente ni a ser capaz de enfrentarse y resolver las dificultades. El niño debe experimentar la vida y sus tormentas emocionales si se pretende que las domine.

Cuando sienta el impulso de detener la expresión de las emociones desagradables del niño, pregúntese cuál es su propósito. Tal vez desee que el niño sea feliz siempre, porque su dolor le resulta incómodo a usted y, usted asume, para él. Si ocurre "una escena" en público, es posible que se preocupe por "quedar bien" como padre. O quizá sienta la necesidad de controlar al niño porque tienen prisa o necesita usted claridad y se siente desconcertado ante la situación. Pero, al impedir al niño expresarse, él entierra el dolor y siente desconcierto y soledad. Mientras tanto, habrá perdido usted la oportunidad de conectar con él profundamente y conocer los motivos de su disgusto. Lo que el niño aprende es a huir de los sentimientos y esconderlos de los demás; interioriza la sensación de que es demasiado débil para experimentar disgusto. Con la mejor intención, muchos enseñamos a los hijos que los sentimientos dolorosos son temibles y que deben evitarse.

Algunos hombres me dicen que no tienen problemas para expresarse emocionalmente y que pueden dejar rabiar al niño tanto como desee. Sin embargo, no se trata de esto. Mostrarse indiferente e ignorar al niño no es lo mismo que proporcionarle escucha cariñosa. Si es capaz usted de mantenerse impasible ante las expresiones apasionadas de su hijo, es más probable que esté usted emocionalmente reprimido que presente en la situación. El resultado para el niño es el mismo que si intenta detenerle, porque su indiferencia le dice que sus sentimientos no deberían ser expresados.

Para comprender mejor la ineficacia de distraer a los niños de su confusión emocional, imagine que acaba de saber que su madre se muere o que su cónyuge desea el divorcio. Desesperado, acudirá a un amigo, deseoso de hablar, llorar o rabiar en un entorno que le ofrezca apoyo. En cuanto empieza a sacar sus sentimientos, su amigo le ofrece consejo o sugiere que se distraiga: "Vamos al cine, así no pensarás en ello". Es más probable que usted desee que su amigo le escuche con atención, ignore las llamadas telefónicas y otras intrusiones, y se centre en usted.

Un niño es una persona con las mismas necesidades. Si, de niño, le "rescataban" de su confusión emocional mediante compensaciones y distracciones, o si no era seguro expresarse, es posible que le perturbe el disgusto de su hijo. Sin embargo, escuchar a su hijo triste o enfadado a la vez que es consciente de sus pensamientos y emociones, puede recuperar usted su habilidad de experimentar todo el abanico de emociones en lugar de escapar de ellas. Entonces podrá explorar los pensamientos que nutren cada emoción y empezar a comprender cómo funciona su mente. Al comprender la causa (pensamientos) y el efecto (sentimientos y reacciones), conseguirá conocerse a sí mismo y se verá con mayor claridad. Recuperará su capacidad de sentir sin miedo, sabiendo que sus angustias serán el alimento de su autocomprensión.

Las personas temen los sentimientos dolorosos precisamente porque se les negó su expresión. La negación de sus emociones les hace verlos más temibles y potentes, y como resultado, la mayoría de los adultos se toman los sentimientos demasiado en serio. En cambio, cuando son libres de expresarse, los niños aceptan sus emociones como parte de su condición de humanos. Si no les enseñamos que experimentar un sentimiento doloroso es un problema, asumen, correctamente, que estas experiencias forman parte de la vida, que las emociones no deben temerse ni evitarse, ni hay que darles más importancia de la que tienen. Cuando se expresan, los sentimientos vienen y van. Entonces uno puede tomar decisiones coherentes que no estén basadas en el miedo ni en la evasión del dolor.

Algunas estrategias que los padres emplean para detener la expresión del niño acompañadas de la manera de evitarlas son:

La negación

La ***negación*** es el principal método para acallar la expresión del niño (o de uno mismo) –que la mayoría de nosotros emplea habitualmente, sólo porque se nos enseñó a hacerlo–. La negación en ocasiones se lleva a cabo en silencio y en forma de elusión, y otras veces mediante palabras y distracciones. Cuando Lena tenía tres años, por ejemplo, tenía miedo de los hombres con pelo largo y barba, un sentimiento que su madre inicialmente negó.

> *Un día, cuando Lena estaba sentada en el asiento trasero del coche, su padre se detuvo para hablar con un conocido que llevaba el pelo largo y un gran bigote, y cuya cara acercó de manera que ocupaba toda la ventana del coche. Lena estuvo callada un rato y luego pidió angustiada: "¿Podemos irnos ya?". Sin pensarlo, su madre le dijo que el hombre del pelo largo era "Un buen hombre".*
>
> *"¡No lo es!", replicó Lena con seguridad. Estaba claro que necesitaba expresar su disgusto y no estaba dispuesta a que su madre lo negara.*
>
> *"Ah, ya entiendo", dijo su madre, dándose cuenta de su error. "No te cae bien."*
>
> *"No", dijo Lena, "Quiero irme."*

Al dejar atrás al hombre, Lena dijo: "No da miedo. Es que no me gusta".

Lena pudo indagar sus propios sentimientos porque no se los negaban ni la apartaban de ellos. Su autocomprensión la habrá ayudado a recuperarse de su angustia ante los hombres con barba.

Familiarizarse con las propias frases habituales de negación le ayudará a detenerse antes de decirlas. He aquí algunos ejemplos de lenguaje que indican negación de los sentimientos y expresiones del niño:

- "No es para tanto."
- "¿Qué te parece tan terrible?"
- "No veo nada malo en ello."
- "No es el fin del mundo."
- "No es nada. Estás a salvo."
- "No ha pasado nada."
- "Todo va bien. Estarás bien."

Los niños tienden a mostrarse perplejos, si no insultados, ante tales comentarios, porque las palabras contradicen su experiencia interna. Para un niño que se siente asustado o herido, algo ha pasado, no va todo bien, y la experiencia es desagradable. En lugar de la negación, puede recurrir a la validación, que afirma la experiencia del niño, o proporcionar información útil cuando sea oportuna. Cuando un niño llora porque se ha caído, podemos abrazarle y decir: "¿Te duele el rasguño?" o "¿Te da miedo que se quede así?". Si asiente detrás de las lágrimas, podemos tranquilizarle diciendo: "Ya sé que ahora te duele; pronto dejará de hacerte daño". Hay que limpiar la herida; pero no es necesario detener las lágrimas ni los gritos. Nuestra tarea consiste en proporcionarle información oportuna y escuchar su expresión emocional (E de A.P.E.G.O.). Podemos indicarle que puede llorar si lo necesita y que sus emociones son válidas. Otorgamos poder (O de A.P.E.G.O.) mediante nuestra actitud benigna –al escuchar sin implicarnos en el drama–. El drama es la historia que el niño puede decirse a sí mismo, como "No podré volver a caminar". No queremos dar fuerza a la historia mental. Cuando escuchamos y validamos el miedo con un tono de voz apacible y proporcionamos la información necesaria, el niño capta nuestra confianza en su capacidad de superar la experiencia.

La negación está a veces encubierta por comentarios livianos que arrebatan al niño su derecho de sentir y de confiar en su voz interior. Cuando el niño dice: "¡Puaj!, no me gusta", y respondemos, "¡Vamos! Está muy bueno", invalidamos la decisión que ha tomado. Si un niño de seis años mira la cena y decide que no quiere comer o si pide un plátano en su lugar, ha tomado una decisión que debemos respetar. Si un adolescente dice que el abrigo que le ha comprado usted no "mola", su realidad no puede ser modificada mediante la convicción. Cuando su hijo pequeño está en el patio, subido en lo alto del tobogán y paralizado de terror, sus palabras "No temas. Tú puedes hacerlo", contradicen su experiencia emocional al contemplar el largo descenso. En este preciso instante, en lo alto del tobogán, se está desarrollando su confianza en sí mismo mientras evalúa la situación y llega a una decisión. Para darle fuerzas, sólo esté pendiente y relajado y confíe en su hijo. Si le habla, demuéstrele que sabe usted cómo se siente: "Veo que estás asustado y no estás seguro de querer lanzarte abajo. No hay prisa. Tómate tu tiempo. Decides tú". Luego siga sus indicaciones tanto si desea que le ayude, que mire a otro lado o que le baje de ahí.

A continuación hay una lista de frases típicas con las que negamos las elecciones del niño. De nuevo, ser conscientes de estos comentarios es el primer paso para eliminarlos:

- "Pruébatelo de todas formas."
- "¿Por qué no lo haces sólo por esta vez?"
- "Pruébate este. Está mejor."
- "¿No querrás esta porquería de abrigo?"
- "Ya has tenido tiempo para jugar." (Cuando el niño quiere seguir jugando.)
- "Estás cansado." (Cuando quiere seguir corriendo.)
- "Tienes que estar muerto de hambre." (Cuando se niega a comer.)
- "Pero si te encanta jugar con Susan." (Cuando aparta a su amiga.)
- "Tú puedes hacerlo." (Cuando duda de sí mismo.)
- "No te asustes / avergüences / disgustes."
- "No hay necesidad de llorar."
- "Vas a tener frío." (Cuando se quita el abrigo.)

Incluso cuando el niño ha tomado una decisión potencialmente peligrosa, es importante reconocer las emociones que genera la situación. Por ejemplo, cuando su hijo corre tras el gato hacia la calle y usted tira de él con un grito, puede preguntarle: "¿Creías que Jumbo se escapaba?", "¿Te has asustado cuando he gritado y te he tirado de la camiseta?". Y después de la respuesta, se puede abrazar al niño y decirle: "Me he asustado al verte salir corriendo a la calle. Ahora que te tengo en mis brazos estoy más tranquilo".

Los padres tienden a regañar a los hijos cuando dan un paso peligroso. Al expresar enfado, esperan que el niño no repita la acción. Sin embargo, el miedo de la ira parental es el motivo equivocado para evitar el peligro y es un motivo de corta duración. Lo que se pretende es que el niño vele por su propia seguridad basándose en la comprensión y su deseo de permanecer seguro. El niño se conmueve ante los sentimientos de los padres y la confianza depositada en él le inspira. En una sesión de orientación familiar, Connie explicó su reacción ante la acción peligrosa de su hija y cómo conectó con ella al expresar su vulnerabilidad.

> *Jill, de dos años, estaba emocionada con el fuego en casa de su tío. Nunca había visto un hogar de leña y su padre le explicó por qué debía mantenerse apartada del fuego. Observó a su tío desde una distancia segura mientras él amontonaba la leña sobre unos papeles arrugados y encendía así el fuego. Cuando acabó, todos se sentaron a la mesa para cenar.*
>
> *Nadie se dio cuenta de que Jill bajó de su silla y se acercó al fuego con un pedazo de papel en la mano. De repente, su madre, Connie, gritó: "¡Jill! ¡No!" y se apresuró a coger a la niña justo antes de que se agachara para echar el papel al fuego.*
>
> *Jill rompió a llorar. Connie estaba a punto de reprochar a Jill no haber hecho caso de las instrucciones de su padre, pero el llanto de Jill le dio tiempo de replantearse su reacción. En lugar de expresar enfado, dijo: "Me he asustado mucho al verte cerca del fuego con un papel en la mano. Temía que pudieras quemarte".*
>
> *"Papel para fuego", protestó Jill. No parecía asustada por la reacción repentina de su madre, sino molesta porque había interrumpido su acción.*

> *Connie validó: "Ya sé. Cuando ibas a echar el papel al fuego, te lo he impedido. ¿Querías ver cómo el fuego crecía?"*
>
> *Connie cogió bien a Jill y Jill dijo: "Mamá tira papel al fuego".*
>
> *Connie arrugó el papel y lo echó al fuego con cuidado. Le dijo a Jill que no se acercara al fuego y que pidiera a papá o a mamá ayuda cuando quisiera verlo crecer.*

Siempre que sea posible, deje a su hijo tomar sus propias decisiones. Pero cuando deba restringir su libertad, hágalo con respeto y amabilidad y respalde su decisión con una explicación. Aunque la elección o la petición del niño sean objetables, si es inofensiva, contenga su impulso de dirigirle. Recurra a la fórmula A.P.E.G.O.: aísle su reacción personal de la situación real y examine sus pensamientos para comprobar si son relevantes; preste atención, escuche, garantice la validación y otorgue poder, y proporcione información útil. El niño tiene derecho a cometer sus propios errores y experimentar los sentimientos que estos despierten en él. Por ejemplo, su hijo de tres años deberá aprender por sí solo que no puede cargar con su maleta, y su hijo de once años puede necesitar descubrir por sí solo que no le darán un empleo en el supermercado. Si, al descubrirlo, el niño se siente desilusionado, escúchele y valide sus sentimientos.

Cuando el niño encuentra respuestas por sí solo, aprende a enfrentarse a los desengaños de los cuales él es la causa y no la víctima. No hay culpables ni nadie contra quien sentirse resentido. El niño es responsable de lo que le ocurre y aprende en primera persona lo que funciona y lo que no. Cuando sabe expresar las emociones que surgen ante nuestra atenta escucha, estas experiencias se convierten en valiosos pasos hacia la autoestima y el acopio de recursos.

La distracción

La ***distracción*** es otra estrategia para evitar o negar los sentimientos. Ofrecer caramelos o una actividad divertida a un niño disgustado le indica que hay que huir de los sentimientos. Una rodilla rascada o un juguete perdido pueden provocar dolor y tristeza.

El dolor no desaparece comiendo caramelos ni mirando algo atractivo. El mensaje que el niño interioriza al distraerle es que experimentar sentimientos no está bien. "Mamá no quiere que demuestre mi dolor. No debo sentir ni expresar dolor. Tengo que ocuparme enseguida con otra cosa. Debería evitar el malestar emocional y no arriesgarme porque las caídas son algo malo." Esto conduce a la debilidad y a una existencia pusilánime. Con la distracción transmitimos al niño la idea de que la realidad es mala y hay que pasarla por alto. Sin embargo, la felicidad consiste en aprender a vivir con la realidad y en solucionar los problemas no por miedo de lo que pueda ocurrir, sino con la libertad de hacer de la vida una experiencia más rica.

Distraer a un niño de sus emociones también puede ser una de las causas del consumo posterior de drogas, el mal uso de analgésicos y una tendencia a buscar siempre respuestas fáciles. Puede formar a un niño para que se convierta en un adulto que se sienta fácilmente abrumado porque su tolerancia ante la dificultad sea baja. Evitar disgustos al niño limita su libertad para vivir una vida plena y emocionante.

El niño puede adquirir resistencia ante las heridas y las dificultades cuando los ve como parte de la vida. Por tanto, cuando tenemos la necesidad de interrumpir, arreglar, distraer o dar consejo, podemos detenernos y explorar nuestros motivos. Aunque pueda parecernos que nos mueve el deseo de dar lo mejor a nuestro hijo, con frecuencia descubrimos que al niño le irá mejor si no intervenimos.

La elusión

La ***elusión*** es fingir que no se advierte la expresión de sentimientos no deseada en el niño con la esperanza de que se desvanezca. Los padres se hacen la ilusión de que al no prestar atención a la expresión, no se "refuerza" la misma y, por tanto, decrece el sentimiento. La cuestión, como siempre, se reduce a: ¿Por qué queremos que desaparezcan los sentimientos y su expresión? Al fin y al cabo, lo que deseamos ante todo es experimentar la vida emocionalmente; la humanidad dedica mucho tiempo y recursos a evocar sentimientos profundos sin los cuales nos sentiríamos apáticos y aburridos. Además, las emociones del niño hacen aflorar las de los padres, y les ofrecen la oportunidad de crecer; aprenden sobre sí mismos (A de A.P.E.G.O.) y la claridad que obtienen les ayuda a conocer mejor a su hijo.

Si se encuentran empleando la elusión, sean pacientes y benévolos consigo mismos, y, al mismo tiempo, abandonen este viejo camino abierto por otros. El niño cuyos sentimientos dolorosos se evitan irá dejando de expresarlos y puede incluso dejar de sentirlos, volviéndose emocionalmente insensible y difícil de conectar. O, en un niño más sano, provocará una intensificación de la comunicación en forma de comportamientos provocadores que pueden al fin conseguir nuestra atención. Además, cuando los padres ignoran los sentimientos, las necesidades del niño no se satisfacen, lo cual conduce a más estrés unido a numerosos síntomas de comportamiento difícil. Las expresiones emocionales del niño precisan nuestra respuesta y atención (lo cual no significa necesariamente darle lo que quiere a cada momento, como veremos más adelante).

La inducción del miedo

Inducir miedo es otra estrategia común para tapar la expresión de sentimientos del niño. La negación, la elusión y la distracción son suficientes para inhibir la expresión de sentimientos en el niño, porque comprende el mensaje de que cuando lo hace no consigue aprobación. Si su rabia, frustración o lágrimas provocan una regañina, un comentario degradante o un castigo, su miedo probablemente crecerá y se convertirá en inseguridad y sometimiento o en rabia activa y agresión.

Garantizar la libertad emocional del niño significa quererle cuando se lamenta por la pérdida de su gato, se enfada porque se le ha roto un juguete o patalea porque quiere elegir qué ropa ponerse. Cuando apreciamos su poder de sentir y dejar estar, aceptará estos sentimientos como algo natural. Investigue y sane su propio miedo de los sentimientos para que su hijo se sienta seguro para expresarlos ante usted. Entonces desarrollará la valentía de sentir y la capacidad de salir adelante.

Algunas personas dejan pasar los sentimientos dolorosos y siguen adelante tranquilamente sin expresarlos. Esto es diferente a suprimir los sentimientos. Suprimir significa enterrar el dolor, mientras que dejar pasar significa que la persona no se aferra a los pensamientos ni a los sentimientos que hacen aflorar. Si es su caso, debe tener en cuenta que la mayoría de las personas, incluidos los niños, no pueden seguir adelante a menos que expresen sus sentimientos antes y consigan su validación. Su facilidad, no obstante, ayudará a su hijo a percibir sus emociones como algo pasajero.

Respetar los sentimientos no significa regodearse en ellos; al contrario, cuando podemos desprendernos libremente de nuestras emociones, las dejamos pasar y quedamos libres para actuar con eficacia. Vivir el presente disuelve el dolor y nos permite pasar al siguiente momento presente con claridad.

EL LLANTO

Los humanos están provistos de una enorme capacidad emocional; para poder manejar los sentimientos intensos, se nos ha dado la capacidad de llorar. Los niños usan el llanto de forma natural, y debemos comprender su comunicación y apoyar su uso de las lágrimas para sanar. Reaccionar ante el llanto de un bebé es lo que le enseña que tiene poder sobre su propia vida, que puede confiar en nosotros y que es importante. Cuando crece y se convierte en un niño, usará también palabras y gestos.

A muchos padres les cuesta distinguir las diferentes expresiones emocionales de los bebés. De hecho, casi siempre, el llanto del bebé es una forma de comunicar las necesidades que hay que satisfacer. No obstante, incluso en el caso de los bebés, hay ocasiones en que la necesidad es precisamente llorar.

> *En una de mis clases para padres, surgió la cuestión de los bebés que lloran. Teresa estaba frustrada porque su bebé lloraba inconsolablemente.*
>
> *"Hago de todo: le doy el pecho, le acuno, juego con él, le baño... pero cada noche llora y grita como un alma en pena y no hay nada que le calme."*

Tras la sesión sobre el tema, Teresa decidió intentar validar los sentimientos de su bebé.

"Primero probé todos mis trucos para calmarle, desde el pecho al corro de la patata. Luego, me senté con él en brazos y dejé de intentar tranquilizarle.

Reflexioné sobre lo que me forzaba a intentar calmarle y me di cuenta de que yo era la que necesitaba tranquilizarse porque me decía a mí misma que el llanto de mi hijo significaba que era una mala madre y que algo le ocurría.

Cuando hace pausas, normalmente deseo que no vuelva a llorar. Pero entonces reanuda el llanto. Esta vez, cuando hizo una primera pausa, le dije 'Ya lo sé, ya lo sé'. No le acuné. No le di señales de esperar que no siguiera llorando y siguió. Cada vez que callaba opté por decir algo que validase sus sentimientos."

"¿Lloró menos tiempo?", preguntó una madre. (Ella todavía seguía buscando una forma de detener el llanto del bebé.)

"No", dijo. "Al contrario, una vez me deshice del sentimiento de quererle contento, lloró más de lo habitual, aprovechando mi aprobación al máximo. Pero, al terminar, en lugar de dormirse agotado, estaba despierto, alerta y feliz. Más tarde, cuando se durmió, no lloró y se despertó una sola vez durante la noche en lugar de hacerlo las cinco a siete veces que solía."

Nate siguió llorando por la noche en los brazos de su madre durante un par de semanas. Los episodios de llanto vespertino fueron acortándose hasta cesar.

Es imprescindible responder a las señales del bebé. Sus llantos son su manera de comunicarse. Después de satisfacer todas sus necesidades, cuando no existe ninguna incomodidad física ni enfermedad, y el bebé no necesita nada, debemos responder a su necesidad de llorar. Tal vez llore porque no le damos lo que necesita; aún así, si no tenemos ni idea, se queda frustrado y por eso necesita llorar. Podemos adivinar lo que siente, teniendo siempre en cuenta que se trata de una posibilidad basada en la proyección de nuestra propia percepción. ¿Llora por la indefensión que conlleva ser un bebé? ¿Echa de menos la comodidad del útero? ¿Desea decir algo y no sabe cómo? Tal vez recuerde la cara que ha visto antes y le ha asustado… etcétera.

Cuando la necesidad del bebé nos es desconocida, debemos validar su elección de sentimientos, hacerle saber que su elección de llorar es válida, y que mientras llore nos tendrá a su lado con amor, afecto y comprensión. Coja siempre al bebé en brazos cuando llore. Su incapacidad de saber por qué llora no cambia su necesidad de sentirse abrazado, y más si está disgustado. Debe poder conectar con usted y conseguir que usted actúe por él o le proporcione su completa atención. Cuanto más consiga generar su cariño, más formas tranquilas de comunicación encontrará. ¿Por qué recurrir a una rabieta si con una señal o una palabra puede conseguir la atención de sus necesidades?

Cuando sistemáticamente se coge al bebé en brazos, es poco probable que llore para expresar necesidades físicas básicas. En lugar de ello, proporciona a la madre señales sutiles y ésta responde enseguida, de modo que el pequeño no necesita recurrir al llanto para comunicarse. Los bebés que están mucho en brazos y que duermen acompañados rara vez lloran para alertar de sus necesidades básicas. Si un bebé al que se cuida así llora, y no está enfermo si se ha hecho daño, lo más probable es que necesite llorar.

A medida que crecen, los niños van usando más palabras. No obstante, siguen recurriendo a las lágrimas para expresar dolor físico o emocional el resto de su vida. Mientras que los adultos saben expresar el dolor moderado únicamente mediante palabras, los niños usan fácilmente y con eficacia las lágrimas.

Con el tiempo, los padres saben exactamente qué ha provocado el dolor del niño, de modo que pueden validar sus sentimientos con mayor precisión. Por ejemplo, si el niño llora porque se ha cancelado un plan, se le puede decir: "Has esperado tanto rato para ir al parque y ahora se ha puesto a llover". Abrácele mientras llora hasta que termine y le haga saber que está listo para seguir adelante. Si rehúsa su abrazo, quédese cerca, atento y disponible. A veces, los padres me dicen que quieren que el niño sea tan feliz que no tenga necesidad de llorar. Pero en nuestro esfuerzo por educar niños que no lloren, podemos estar negando una necesidad tan básica como el cariño, el alimento o el aire. Como un río que se ha embalsado, las lágrimas encontrarán otras salidas en forma de agresión, tics, trastornos del sueño, de la alimentación, etc. Las lágrimas deben salir y es mejor dejarlas caer que intentar retenerlas. Las personas fuertes no son las que viven sin dolor, sino las que tienen la tenacidad de vivir el dolor y enriquecerse con la experiencia.

El siguiente ejemplo demuestra el poder sanador de las lágrimas incluso cuando se presentan síntomas serios.

Tony, de siete años, empezó a pegar a su hermana casi a diario. Sus padres explicaron que además de la agresión, su carácter habitualmente alegre se había vuelto impaciente e irascible. Intentaron satisfacer la necesidad de más atención que tenía Tony y controlar sus agresiones mediante la restricción y las reprimendas. Como resultado, Tony pegaba menos, pero empezó a morderse la camiseta y a parpadear incontroladamente.

Cuando pregunté a los padres de Tony si el niño daba muestras de tristeza o de miedo o si lloraba, se dieron cuenta de que no había llorado desde hacía mucho tiempo. En la siguiente sesión, la hermana de Tony, Becky, dijo: "El mejor amigo de Tony se rió de él cuando lloró".

"¿Qué hace cuando se siente herido?", pregunté.

Becky pensó un momento y luego dijo: "Ah, entonces parpadea para detener las lágrimas".

Entonces jugué a Verdad o Acción con Tony. Cuando pidió verdad le pregunté: "¿A veces estás triste cuando no consigues lo que quieres?".

Fiel al juego, respondió afirmativamente.

"¿E intentas aguantarte las lágrimas para que nadie sepa que estás triste?", añadí.

"Sí", dijo asintiendo.

"Comprendo", dije. "¿Sabías que guardarse las lágrimas dentro es como no ir al baño cuando se tienen ganas?"

Tony sopesó esta sorprendente afirmación. "¿De verdad?" dijo, mirándome con sus grandes ojos marrones. "¿Qué pasa si no vas al baño?" preguntó, y ella misma respondió. "Bueno, no puedes."

"Cierto", dije. "No puedes dejar de ir para que tu cuerpo siga sano."

"¿Puedo ponerme enfermo si me aguanto las lágrimas?"

"No", dije (aunque sí podría). "Pero tampoco las puedes detener. Sólo consigues hacer salir tus sentimientos por otro lado."

> *"¿Cómo?"*
>
> *"¿Cómo encuentran tus lágrimas una salida? ¿Hay algo que haces sin poderlo controlar?"*
>
> *"Ah, ¿quieres decir enfadarme y parpadear?"*
>
> *"Sí, son algunas de las maneras."*
>
> *"¡Vaya! A partir de ahora voy a llorar. Es mejor. No me gusta parpadear."*
>
> *Los padres de Tony explicaron que al día siguiente Tony tuvo un desengaño con un regalo que recibió y, con la validación de su madre, lloró en sus brazos durante quince minutos. El parpadeo desapareció. Los padres de Tony encontraron formas de otorgarle poder para canalizar su expresión física apuntándole a clases de karate. El mordisqueo de las camisetas duró un tiempo y luego también desapareció. Aunque Tony seguía tendiendo a usar su cuerpo para expresar la ira, cada vez lo hacía menos. La validación y confianza de sus padres le daban seguridad para sentir y ser vulnerable. Ahora era más fácil conectar con él y él podía expresarse y llorar cuando lo necesitaba.*

Los síntomas del niño, o variaciones de los mismos, pueden recurrir cuando se aguanta las lágrimas y reprime los sentimientos. Cuando conocemos bien al niño, leemos sus señales personales y le damos seguridad para que descargue la ansiedad acumulada.

El objetivo es evitar que acumule emociones reprimidas; aunque con frecuencia vemos las cosas claras sólo cuando ya se nos escapan de las manos. Esto forma parte de nuestra humanidad, con la cual el niño está destinado a convivir. Por tanto, cuando descubra que le ha pasado por alto una necesidad de su hijo durante un tiempo, recuerde que es algo que ocurre y siga adelante con el siguiente paso para satisfacer la necesidad y soltar la tristeza que sienten tanto usted como el niño.

LA ANSIEDAD POR SEPARACIÓN Y LA NECESIDAD DE LLORAR

A veces, la noción de liberar el dolor por las lágrimas puede ir muy lejos. Cuando un amigo me preguntó una vez por qué me llevaba a mi hijo a una presentación oral, le contesté que si le dejaba en casa, se sentiría asustado y desesperado (además, necesitaba mamar). Mi amigo protestó diciendo que yo debía ir a la presentación y que el padre debía quedarse con el niño y validar sus sentimientos, y que sería bueno para el niño llorar porque podría liberar viejas heridas de abandono.

Mi hijo no tenía experiencias pasadas de abandono por las que llorar y yo no iba a proporcionarle una. En consecuencia, me llevé a mi hijo a la presentación y en presentaciones futuras cuando lo necesitaba. Cuando estuvo preparado para dejarme ir, no hubo lágrimas; él inició la separación y seguía en paz cuando no estaba conmigo. Confío en que todas las expresiones emocionales de mi hijo representan necesidades reales y urgentes de cercanía y seguridad, por lo que simplemente las satisfago. Incluso cuando sé de un dolor pasado que podría sanarse, como sugería mi amigo, no tiene sentido preparar situaciones para que el niño llore. Si se siente libre para expresarse, creará las circunstancias para destapar viejas heridas. Más adelante, en este mismo capítulo, encontrará un ejemplo de un niño que "procesa heridas pasadas".

Cuando las circunstancias hacen inevitable la separación (hospitalización u otras desgracias), entonces, y sólo entonces, al ser incapaces de impedir la separación, proporcionamos atención para apoyar al niño; validamos y le otorgamos poder para enfrentarse a las circunstancias de la vida, pero no fabricamos estas situaciones. En otras palabras, hay que ofrecer validación al niño que llora, pero no hay que causar sus lágrimas.

Cuando la separación es inevitable, nuestra tarea no consiste en distraer al niño de sus sentimientos, sino validar su experiencia para que pueda llorar y reconocer la validez de su experiencia. Del mismo modo, al volver a casa tras nuestra ausencia y enfrentarnos a un niño furioso, no hay que intentar impedir que se exprese, no ofrecerle un regalo para aplacar su enfado; sólo hay que validar, demostrarle que le queremos y expresar nuestro deseo de estar juntos principalmente abrazando y escuchando al niño. Su hijo se recuperará de la agonía de la separación llorando y/o expresando sus miedos y frustraciones ante su atención, validación y cariño. Su firme apoyo le transmitirá el mensaje de que es perfectamente capaz de superar la experiencia.

RABIETAS: ¿LLORAR POR UNA NECESIDAD O NECESIDAD DE LLORAR?

El niño que tiene una pataleta se siente indefenso y expresa la necesidad de autonomía y dignidad. Deber poder crear su vida a su manera. En ocasiones una rabieta requiere nuestra atención hacia un asunto determinado; otras veces, el niño necesita desatar emociones intensas por las cosas que no es capaz de cambiar, y precisa nuestra atención y comprensión. Cuando el niño sana a través de la rabia e intentamos tranquilizarle, frustramos su sesión de curación; y cuando controlamos al niño, provocamos la rabieta.

Cuando controla usted a su hijo y provoca su furia, inicie un diálogo interior e investigue a quién quiere tranquilizar. El padre cariñoso que lleva dentro no desea controlar ni agraviar al niño. Su mente le dice algo que motiva sus palabras o acciones improductivas. ¿Cuáles son sus pensamientos? "Debería salir del patio cuando se lo pido…" ¿De verdad? ¿Sigue usted las indicaciones de otra persona cuando se lo está pasando bien? ¿Se marchan de la fiesta cuando el niño se aburre o cuando lo pide su pareja? ¿Son sinceros estos pensamientos? En realidad es su propia rabieta interior la que expresa su hijo. Su necesidad de controlarle está fuera de control y usted tal vez se siente dividido entre impresionar a otra persona y responder a su hijo. Pregúntese cómo estaría usted en la misma situación pero si no tuviera estos pensamientos. Imagínese libre de su voz interior en la misma situación, y observe en su cabeza cómo trataría al niño.

Las rabietas no son inevitables y para evitarlas hay que empezar con el cuidado del bebé y con una actitud positiva ante la dirección tomada por el bebé y después por el niño. Coja al bebé constantemente para que desarrolle habilidades comunicativas diferentes al llanto. Las mochilas portabebés y el colecho permiten al bebé y al niño pequeño dar señales sin llorar y sin sentirse frustrados. Entonces el niño desarrolla la distinción entre hacer peticiones apaciblemente y llorar para expresar emociones. Más adelante, al adquirir el lenguaje, el niño probablemente pasará a utilizar palabras, no rabietas, para comunicar sus necesidades. Cuando el niño sabe que sus palabras obtienen respuesta parental, como sus señales apacibles de bebé, no tiene motivo para gritar si desea atención; por tanto, si este niño tiene una pataleta, es muy probable que necesite que le escuche o se ocupe usted de algo que ha ido mal.

La confusión empieza cuando el niño tiene una rabieta porque su señal comunicativa apacible no produce la conexión esperada con usted. Este no es motivo para sentirse culpable ni inadecuado como padre. Ocurre con casi todos los niños, a pesar de las mejores intenciones de los padres para responder siempre.

Si se angustia cuando su hijo rabia por algo que no puede cambiar, puede precipitarse y ofrecer al niño cualquier cosa, cambiar la realidad, compensarle, e incluso hacer cosas ilógicas sólo para detener la rabieta. De este modo, no está escuchando el mensaje del niño y frustra su sesión de curación. Esta respuesta poco a poco enseña al niño a recurrir a las rabietas y lágrimas no para sanar, sino para conseguir cosas. No hay culpables en estas situaciones de incomprensión. Forman parte de nuestra condición de humanos; tanto el padre como el hijo están atrapados en sus estrategias mentales y haciéndolo lo mejor que saben. Los padres pueden pensar que el niño les "manipula". Pero el pequeño sólo responde a las señales que se le han dado con la mejor de las intenciones.

Para evitar el pánico cuando el niño rabia dada una situación no modificable, use la exploración interna de la fórmula A.P.E.G.O.; investigue sus pensamientos en lugar de dejar que éstos dicten sus acciones. Es probable que piense cosas como "Tengo que ponerle contento", "Pero, ¿qué le ocurre?", "Soy un mal padre", "¿Qué estoy haciendo mal?", "Pobrecito, esto es terrible", "La gente que lo vea creerá que no sirvo como padre", y otras por el estilo. Anótelas y analice su mente sobre el papel.

Estos pensamientos, cuando se los cree, le envían a una cruzada para luchar contra la realidad de la rabieta. Al hacerlo, se desconecta usted de su hijo y de sí mismo. Cuando investigue estos pensamientos, descubrirá que no tienen nada que ver con la realidad, la verdad ni su hijo. Son simplemente angustias que heredó usted como ser humano. Sin ellas, no tendría usted ningún problema para querer a su hijo incondicionalmente y prestarle su entera atención.

Al examinar los pensamientos, observe que se refieren a usted, naturalmente, porque son *sus* pensamientos. Es usted el único que piensa que algo falla, algo es terrible o que su imagen a los ojos de los demás se ve perjudicada. Usted es quien desea detener la rabieta por su propio bien basándose en estos pensamientos. Si observa más profundamente, ni siquiera sabe si son pensamientos suyos. Son automáticos. Si pudiera estudiar cómo reaccionaría si estos pensamientos no se le ocurrieran, la rabieta del niño tal vez le parecería algo inofensivo y respondería con mucho más amor y conexión con su hijo.

La rabieta es una forma válida de expresar emociones intensas contenidas y como tal es un proceso de curación. Los llantos o rabietas para conseguir lo inalcanzable son fáciles de evitar si estamos atentos a las señales comunicativas apacibles del niño y evitando la coerción. Cuando las rabietas sanadoras tienen lugar y se detienen con compensaciones, el problema no se resuelve porque la necesidad real no se ha satisfecho.

EL PRECIO DEL CONTROL

Cuando se imponen limitaciones al niño, este tiende a oponerse a ellas y albergar resentimiento, lo cual conduce a las rabietas o la agresividad. También puede conducir a la obediencia, que los padres suelen confundir con lo que significa ser un niño "bueno". El niño obediente probablemente exteriorizará su malestar acumulado mediante otras turbulencias emocionales o más adelante en la adolescencia o vida adulta con el consumo de drogas, la agresividad, trastornos alimentarios, depresión y otras dificultades.

La impotencia es la emoción clave que esconde la rabia. Podemos evitar la impotencia si no despojamos al niño de su poder y protegemos su libertad de elección y autogobierno. Al mismo tiempo, debemos evitar cargarle con un poder que vaya más allá de lo que sea capaz de gestionar, que suele ser el poder sobre los demás. La combinación de impotencia por un lado y exceso de poder por el otro abruma al niño.

Existen situaciones en que nuestra experiencia resulta útil para mantener la seguridad y bienestar del niño. No obstante, aunque existen raras veces en que necesitamos actuar con rapidez y explicarnos más tarde, en la mayoría de las circunstancias de la vida esto no es, realmente, necesario. En lugar de ello, cuando el niño está a punto de hacer algo peligroso o desconsiderado, hay que darle información que pueda emplear para tomar decisiones seguras y consideradas. De este modo se evita tener que actuar con intervención, límites y control que resultan insultantes y le colocan a usted por encima del niño.

El niño se siente poderoso cuando toma decisiones autónomamente y es dueño de ellas. No obstante, disponer de autonomía es muy diferente a disponer del control sobre los demás, lo cual asusta al niño. Si le entra el pánico a causa de las emociones de su hijo, él usará su poder sobre usted, pero este poder le abruma y le conduce a más rabietas.

Si la mayoría de las veces el niño recibe información para poder tomar decisiones autónomas, sabrá aceptar situaciones en que no pueda hacer lo que quiera: no puede ir en triciclo por el medio de la calzada, ni romper platos, ni jugar con fuego, ni lastimar a los demás, ni arrojar objetos por la casa, ni ir en coche sin abrocharse el cinturón de seguridad. Cuando el niño comprende esto tomando como base la comunicación constructiva y no el control, su deseo natural de tomar las decisiones correctas probablemente le conduzca a ser considerado y hacer lo que sea seguro porque esto es lo que quiere.

Por naturaleza, los niños anhelan hacer lo correcto, encajar, estar a salvo y complacernos. Si un niño se inclina por lo contrario, es una señal de que los padres han ejercido el control al relacionarse con él. Aquello que vea en su hijo seguramente puede servirle de espejo, utilícelo para su propio crecimiento y su hijo mejorará porque usted mejora. Si el niño no colabora, pregúntese hasta qué punto colabora usted con él. Anote y examine los pensamientos que nutren su necesidad de control; cuando arroje luz sobre estas respuestas automáticas, gradualmente conseguirá ser el padre que desea ser.

He aquí dos ejemplos extraídos de los talleres que dirijo para ilustrar dos maneras diferentes de manejar un problema relacionado con la seguridad, una mediante el control y la otra mediante la confianza y la conexión personal:

> *El padre de Amber le dijo que nunca debía jugar en el arroyo que cruza su jardín si no estaba con sus padres. Dos semanas más tarde, Amber, de tres años de edad, pensó que podría acercarse un poco al riachuelo y lanzar una piedra dentro. Al hacerlo, la asustó el grito de su madre: "¡No, Amber! Sal de ahí inmediatamente".*
>
> *Amber se apartó, asustada y avergonzada. Su madre le regañó y le amenazó con castigarla la próxima vez.*

Es posible que Amber no vuelva a jugar cerca del arroyo sola, pero no porque entienda el motivo, no porque confíe en sus padres ni en sí misma y en su deseo de estar segura. Si evita el riachuelo es por miedo a la desaprobación de sus padres y al castigo. Si un día se enfada y desea vengarse, puede arriesgarse y "castigar" a sus padres metiéndose en el arroyo o dando otros pasos "prohibidos". O, cuando no quiera su aprobación, sino que desee experimentar con su propia autonomía, puede satisfacer este deseo haciendo cosas que le hayan "prohibido". De un modo u otro, es probable que viva otras experiencias opresivas con sus padres y que acumule mucha rabia para expresar mediante rabietas, agresividad o autodestrucción.

El niño deseará estar a salvo y cuidar de sí mismo cuando se le haya dado información y cuando se sienta seguro junto a sus padres. Se siente seguro cuando sus padres no le obligan a cumplir unas normas sino que se comportan como sus aliados.

El padre de Richard le preguntó si quería jugar en el riachuelo que corría cerca de su nueva casa y él dijo que sí. Bajaron juntos hasta el agua y el padre explicó a su hijo de tres años, Richard, los peligros que representaba el agua. El padre de Richard lanzó piedras y hojas al agua y explicó al niño que las personas no pueden respirar cuando se caen al agua. Entonces metieron los pies en el agua para notar la fuerza de la corriente. Después de jugar y divertirse, el padre pidió a Richard que siempre se hiciera acompañar por mamá o papá si quería jugar cerca del arroyo.

Al día siguiente, Richard pidió a su madre que le acompañara al arroyo. "Ahora no puedo", dijo ella. "Pero en cuanto acabe de hablar por teléfono, bajaremos juntos." Al cabo de veinte minutos madre e hijo fueron hacia el riachuelo. Tras un período de aventuras fluviales casi diarias, Richard perdió su interés inicial y sólo bajaba al río con mamá o papá de vez en cuando. Nunca bajó solo al agua porque

> *confiaba en sus padres y en su propio sentido común, que adquirió en su presencia.*

Con una relación de confianza Richard no tiene motivos para sentirse indefenso, porque no se ejerce control sobre él. Y tampoco desarrolla ningún interés en desafiar a sus padres. Seguirá utilizando la información que le han dado durante años en todos los aspectos de su vida con poco deseo de romper acuerdos o hacer algo peligroso o poco considerado.

Cuando sea posible, proporcione información al niño y evite ponerle en situaciones demasiado difíciles de comprender en las que sea complicado elegir la opción más segura. Proporcionar al niño un entorno física y socialmente seguro le permite realizar acciones seguras y consideradas.

CUANDO EL NIÑO RECURRE A LA PATALETA PARA CONSEGUIR LO QUE QUIERE

Un niño que usa la expresión emocional como método para conseguir algo asume dos cosas basándose en su experiencia: no lo conseguirá de otro modo y, si grita lo bastante fuerte y durante el rato suficiente, conseguirá lo que quiere o una compensación. El resultado son dos estados mentales perturbadores: se siente impotente debido al control de los padres, por un lado, y abrumado por el enorme poder que tiene cuando sus lágrimas provocan el pánico en sus padres.

Si bien los sentimientos siempre son válidos, no deben ser necesariamente la base de las acciones. Un niño molesto porque le han dicho que debe dejar de echar tierra a otro niño, o un niño decepcionado porque no ha conseguido ser el primero de la fila tienen ambos sentimientos válidos que necesitan expresar, que se escuchen y se validen. Esto no significa que debamos animar al niño a echar tierra a los demás ni que luchemos por su derecho a ser el primero. (Sí, en cambio, debemos averiguar si existe alguna necesidad no satisfecha que motive las intenciones del niño.)

Su hijo puede estar furioso porque no ha echado usted a otro niño para que él pudiera ser el primero o porque no le deja echar arena a un niño más pequeño en el parque. Si ha experimentado muchas veces la impotencia y la falta de libertad para gobernar su propia vida, este enfado puede provocar una rabieta. Del mismo modo, si a menudo se siente abrumado por su poder sobre usted o por la libertad de hacer lo que le plazca, es probable que se ponga a rabiar para provocar la autoridad de los padres.

Por mucho que deseemos evitar el control, existen situaciones en que debemos intervenir y no hay tiempo para la conversación. El niño entonces probablemente se sentirá herido, contrariado o furioso. He aquí un ejemplo que ilustra la libertad que se confiere al niño cuando sus llantos no cambian la realidad sino que son escuchados y validados:

> *Dave, de cinco años, quería estar con su hermana Lila, de nueve años, en su habitación. Lila quería estar sola. Dave le suplicó y Lila estuvo de acuerdo con la condición de que Dave no le empujara como lo había hecho antes. Dave aceptó.*
>
> *Al cabo de un rato, Dave salió llorando. "Lila me ha echado porque la he empujado."*
>
> *Lila le había dado a Dave varias oportunidades para que dejara de empujarla antes de echarle.*
>
> *Dave se tiró al suelo al lado de su madre y gritó que no volvería a empujar a su hermana y que quería volver con ella.*

> *Su madre validó sus sentimientos: "Querías jugar con tu hermana. No has podido evitar empujarla. ¿Querías que se peleara contigo?".*
>
> *"Quiero volver con ella", Dave gritaba.*
>
> *Su madre dijo: "Te comprendo. Me quedaré contigo para que puedas llorar cuanto necesites".*
>
> *Dave dejó de rabiar inmediatamente y se fue a montar en su triciclo.*

Dave no necesitaba llorar, sino que esperaba cambiar la realidad. Cuando vio que no iba a conseguirlo, se dedicó a otra actividad. Cuando el objetivo del niño es conseguir algo con la rabieta, saber que cuenta con nuestra atención acaba con la rabieta porque se convierte en una herramienta inútil.

Aunque la rabieta pretenda conseguir lo imposible, el niño posiblemente sigue necesitando expresar sus emociones. Nuestro cometido en tales situaciones consiste en escucharle y reconocerlas, hasta que la pataleta termine de forma natural. La mayoría de las veces, el niño queda satisfecho y no precisa nada más; pero si sigue habiendo una necesidad, la conversación puede iniciarse pasada la tormenta.

Lo que el niño quiere en ese momento no suele ser una necesidad verdadera; como padres debemos detectar el motivo que provoca la rabieta, que suele ser algo más que un caramelo o llegar el primero. Por ejemplo, una rabieta por querer ser el primero puede representar la necesidad del niño de sentirse seguro, importante y valorado. Coaccionar a los otros niños para que el pequeño quede el primero no solucionará el problema, sino que lo acrecentará. La necesidad subyacente debe ser atendida o habrá más rabietas, alimentadas por una mayor inseguridad. Si todo lo que el niño precisa es expresar rabia, no necesitará nada más cuando termine. Pero si necesita cariño, atención o autonomía, cuando haya expresado su rabia, tanto él como usted deberán aclararse y ver las soluciones prácticas como demuestra la siguiente historia:

> *Sheila, de cuatro años de edad, salió de casa con sus padres para visitar a su tío John en el hospital. El trayecto duraba un par de horas, y al llegar al hospital, Sheila se había quedado dormida. Considerando lo cansada que estaba, sus padres no la despertaron. Su padre se quedó con ella en el coche mientras su madre visitaba a su hermano. Cuando la visita terminó, Sheila seguía dormida.*
>
> *Cuando Sheila se despertó, era de noche y estaban casi en casa. Sheila miró a su alrededor:*
>
> *"¿Cuánto queda para llegar al hospital?", preguntó.*
>
> *Sus padres la informaron de que ya estaban de vuelta y Sheila inició una rabieta. Sus padres le propusieron volver al hospital el fin de semana siguiente, pero las soluciones no eran lo que Sheila necesitaba en aquel instante. "¡No! ¡Yo quería verle hoy!" Sheila gritaba y pataleaba con fuerza. Su madre reconoció los hechos y validó los sentimientos de Sheila. "Te hacía ilusión ver al tío John y te lo has perdido. Querías decidir por ti misma si quedarte en el coche durmiendo o que te despertáramos."*
>
> *Después de la rabieta, Sheila pareció calmarse. Entraron en casa y comentaron cómo podían incluirla en decisiones futuras y respetar su necesidad de decidir por ella misma. La familia decidió visitar de nuevo al tío John el fin de semana siguiente cosa que, ahora que Sheila estaba tranquila, le hacía mu-*

cha ilusión. Todos acordaron que antes de cada salida, Sheila diría si quería que la despertaran al llegar si se quedaba dormida. Si se le olvidaba decirlo, la despertarían por defecto.

Estas situaciones dejan perplejos a los padres y muchos habrían encontrado maneras creativas de detener la rabieta: volver atrás esa noche y quedarse en un motel para ir al hospital al día siguiente, proponer al niño una cena especial de camino a casa, comprarle un juguete.

La intención de estas soluciones es detener la rabieta para ahorrarse la historia desagradable que conlleva. Nos decimos a nosotros mismos que el niño está traumatizado, que somos culpables, y que el niño no es capaz de superar la decepción. Sin embargo, lo ocurrido es irreversible. Los padres no son culpables, sino inocentes por hacer lo que creen mejor, y el niño no está traumatizado a menos que le enseñemos que sí lo está. Estas soluciones no habrían satisfecho las necesidades y sentimientos de Sheila. La visita que se perdió no fue la principal causa del enfado, sino el caso omiso a su derecho de tomar sus decisiones. Ni otra visita, ni un helado ni un rato en el parque podían devolverle su dignidad. En cambio, escucharla, reconocer la realidad y validar su rabia expresada libremente, permitieron a Sheila superar sus sentimientos y plantearse soluciones futuras. Con sólo cuatro años de edad, ni siquiera precisó examinar sus pensamientos para darse cuenta de que la raíz de su enfado estribaba en un deseo imposible. El drama se desvaneció al dejarlo pasar. Sin dramatizar por lo que se había perdido, ahora podía esperar ilusionada el próximo fin de semana.

Escuche la rabieta de su hijo y reconozca los hechos, pero no intente salvarle ni distraerle de sus sentimientos. El niño necesita saber que no hay razón para que cunda el pánico y que no es necesario buscar una compensación para detener el dolor cuando las cosas salen mal. Necesita experimentar su capacidad emocional de tener sentimientos intensos y de enfrentarse a las desilusiones, caídas u otras heridas.

LIDERAZGO PARENTAL

Como ocurre con el llanto, algunos padres pueden creer que la rabieta es algo sanador hasta el punto de negar las necesidades y autonomía del niño. En lugar de respetar sus elecciones, los padres pueden decir: "Que rabie, le irá bien". Hay que respetar la necesidad de rabiar que tiene el niño, pero no hay que causarla. Se puede sustituir un plátano roto si se tiene otro u ofrecer al niño un caramelo sano sin que haya lucha de poder. Permítase ser amable, generoso y respetuoso.

Un padre me dijo: "Pero si cedo, no me respetará". Ser amables no significa "ceder". La necesidad de los padres de sentirse "respetados" es otro de los pensamientos que deben ser examinados. Educarnos es la parte que nos permite ser libres y no necesitar lo que otra persona debería darnos. Respétese a sí mismo y a los demás y enseñará respeto.

El sentido auténtico de respeto se desarrolla en el niño con la experiencia del amor y el cariño, no del control. Con frecuencia confundimos la sumisión con el respeto. Pero la obediencia no es respeto sino otra manifestación del miedo mezclado con resentimiento, y por tanto, conduce a la misma negación de la libertad de expresión. El miedo de los padres de ser explotados por su hijo es casi siempre el resultado de un dolor personal relacionado con el pasado. No tiene nada que ver con el niño y entorpece el camino del cariño y la confianza. El niño que se sabe escuchado y cuya vida fluye sin el control adulto no tiene necesidad de utilizar a sus padres. Les quiere y les admira y sabe que les tiene de su parte.

Cuando los niños se sienten impotentes y recurren a las rabietas como herramienta para conseguir cosas, están pidiendo el liderazgo de los padres. Necesitan libertad y autonomía, pero no quieren creer que son capaces de asustar a sus padres con la expresión de sus emociones. No están preparados para enfrentarse a este tipo de poder y, por tanto, cuando el niño descubre que su padre está asustado por su llanto o su rabieta, se siente perdido y necesita orientación. El niño necesita poder confiar en sus padres y necesita que le escuchen cuando abra su corazón. En otras palabras, su hijo cuenta con su fuerza para absorber sus sentimientos sin sentirse abrumado.

Para evitar el uso de rabietas como herramienta para conseguir cosas, ***debe usted alterar las dos condiciones que hacen aflorar la rabia del niño:***

1) Soltar el control; dejar al niño dirigir su vida apacible y autónomamente.
2) Cuando el niño esté enfadado por algo que no se puede cambiar, validar sus sentimientos sin dar a su expresión emocional el poder de alterar la realidad.

Al enfrentarse a decepciones y frustraciones, los niños confían en el liderazgo de los padres. Su pregunta no pronunciada suele ser algo así: "¿Me quiere lo bastante mi padre como para escuchar mi rabia o al mostrar mis emociones intensas intentará detenerme?". Efectivamente, los hijos necesitan sentirse seguros para "explotar" y saber que los padres tienen la fuerza de reservarles un espacio de cariño.

Si le entra el pánico ante la rabieta de su hijo, el niño aprende no sólo a usarla como herramienta, sino también a temer las emociones y a tomárselas demasiado en serio. Puede temer sentir sus emociones, porque ve que usted no es capaz de enfrentarse a ellas: "Los sentimientos deben de ser algo terrible; debo evitarlos". Esta reacción también les otorga un significado exagerado y se convierten en algo temible y poderoso. En cambio, cuando validamos los sentimientos del niño con tranquilidad, sin añadir dramatismo, pueden ser experimentados con confianza. Los sentimientos entonces pasan y podemos seguir adelante libres de ellos. El rechazo y la negación son los que provocan la verdadera angustia.

La compensación y la distracción no ayudan al niño a dejar pasar los sentimientos. Si desea tener una rabieta sanadora, no quedará satisfecho si se le proporciona lo que pedía; encontrará otras razones para rabiar o pedirá lo que sabe que es imposible. Incluso aunque la expresión de rabia se detenga con éxito, el niño volverá a tener una pataleta recurriendo a sus métodos creativos, y en el mismo día. Cuando decimos: "Haga lo que haga, acaba en rabieta", estamos probablemente describiendo a un niño que necesita expresar sentimientos intensos. Al hacer acrobacias para darle lo que pide se consigue frustrar su intención e impide conocer la causa subyacente de su malestar.

Use la fórmula A.P.E.G.O. y las necesidades no satisfechas del niño se harán patentes:

A – **A**íslese de la situación y examine lo que le dice su voz interior que le dicta que detenga la rabieta; escuche su monólogo interior. Si lo puede ignorar, siga adelante. Si no, averigüe su veracidad. Si tiene un pensamiento: "Mi hijo debería dejar de rabiar" o "No sabe encajar este tipo de frustraciones", pregúntese si es posible que usted sepa que eso es cierto. Entonces, imagínese con el niño enrabiado y sin su pensamiento. Tal vez consiga una clarividencia que le sorprenda. Observe que el pensamiento estresante que tiene en relación a su hijo le representa a usted igual o incluso mejor; usted tiene una pataleta interior provocada por la pataleta de su hijo. Mientras tanto, su hijo necesita que le escuche, le calme y le dirija.

P – Una vez consiga esta claridad interior, **P**reste atención al niño.

E – **E**scuche su rabia.

G – **G**arantice la validación de sus sentimientos.

O – **O**tórguele poder para soltar sus emociones y solucionar la situación.

Cuando se escucha completamente al niño, se mantiene la conexión con él y se puede detectar su necesidad real, como hicieron los padres de Sheila en el ejemplo de la página 135. Si la madre de Sheila no la hubiera escuchado, habría quedado atrapada en el remordimiento y tal vez hubieran vuelto al hospital o compensado a Sheila de otra forma. En lugar de hacerlo, escuchó a Sheila y comprendió que su necesidad consistía en ser dueña de sus decisiones y sentirse incluida.

Para ver al niño sin que el dramatismo nos nuble la visión, debemos aprender a escuchar con una conciencia que va más allá de las palabras. "Quería visitar al tío" puede parecer la necesidad más importante, pero la herida más profunda surge de no tener voz ni voto. La rabia suele reflejar la necesidad de libertad para decidir. Sheila puede aceptar la pérdida de la visita cuando su necesidad de autonomía e inclusión se escuchan. Confíe en su hijo y respete su necesidad de llorar sin confundirla con un llanto por otra necesidad.

EVITAR LA PSICOLOGÍA DE "VÍCTIMA"

Los niños que reciben compensaciones repetidamente por su llanto y su desdicha aprenden otra lección: "Con la angustia suficiente, puedo conseguir lo que quiera" o "Mostrarse desdichado capta la atención de la gente". Muchos de nosotros que hemos aprendido esta estrategia durante la infancia la seguimos aplicando en nuestras relaciones de adultos, diciéndonos a nosotros mismos: "Si demuestro lo desdichado que soy, me tratarán bien o harán lo que quiero".

Los niños y adultos que se autovictimizan acaban cayendo en circunstancias adversas con la creencia inconsciente de que esto les permitirá conseguir lo que desean. Al provocar lástima nos basamos en el pasado personal y en la cesión del poder a fuerzas externas; nos impide estar presentes y tener el poder. El niño aprende o bien a ser una víctima o bien a estar presente y actuar con poder en nombre propio. Si aprende que su felicidad depende de los demás o de las circunstancias, quedará indefenso; no podrá hacer nada contra ello. Las víctimas tienen que seguir cayendo porque su mente desea tener razón acerca de su historia de victimismo.

Cuando se encuentre usted atrapado en su incomodidad por la rabieta de su hijo autovictimizado, recuerde que él cuenta con su liderazgo. Él no quiere que quede usted atrapado en su drama; esto sería como unirse a una persona que se está ahogando en lugar de sacarle del agua. Cuenta con usted para conseguir que emerja su parte poderosa (no victimista). El siguiente ejemplo ilustra los peligros de no ofrecer liderazgo parental cuando el niño está disgustado.

> *Unos días antes de su sexto cumpleaños, Nina descubrió que su hermano de once años, Ron, tenía un regalo para ella. Ron pensaba sorprenderla con el regalo en su fiesta de cumpleaños, pero Nina no quería esperar. Empezó a gritar y llorar porque quería el regalo enseguida. Con los gritos de Nina, su padre,*

Jack, se irritó. Entró en la habitación de Ron y le dijo que le diera a su hermana el regalo de una vez.

Ron cogió el regalo y, enfadado, se lo tiró a su hermana. Entonces Nina dejó de llorar y Ron volvió a su habitación y dio un portazo.

El arrebato emocional de Nina provocó a Jack una pérdida del control. Con la prisa por acallar a la niña, no proporcionó el liderazgo y el apoyo emocional que necesitaban sus dos hijos. No respetó la decisión de su hijo de dar a Nina su regalo en la fiesta, con lo que le privó del placer de dar el regalo cuando él quería. Jack también dejó a su hija un poder que ella es incapaz de manejar, y sin nadie que la recogiera en su caída emocional. Lo que Nina necesitaba era la comprensión de su padre de su impaciencia para poder aceptar el momento tal como era. Además, los dos niños aprendieron que la desdicha y los gritos son la moneda de cambio para conseguir lo que se quiere.

Actuando lo mejor que supo, la intervención de Jack no se ocupó de nadie más que de sí mismo y pagó un precio por ello. Necesitaba calma y estaba tan impaciente como su hija. Él también quería el "regalo" enseguida; el "regalo" que él quería era el final de los gritos. Se sentía una víctima de la pataleta y su paz dependía de la rendición de su hijo ante otra víctima. Inocentemente, cada participante de la escena era una víctima, por lo que nadie obtuvo una verdadera paz.

¿Cuál hubiese sido una mejor respuesta? En primer lugar, Jack podría haber evitado involucrarse en la discusión de sus hijos; podría haber escuchado su conversación mental y se habría dado cuenta de su ansiedad y confusión. Ron no le habría dado el regalo a Nina antes de la fiesta, y los gritos habrían acabado por cesar o Nina habría acudido a su padre con su historia. En segundo lugar, Jack podría haberse ofrecido para escuchar el enfado y agitación de Nina y haber validado sus sentimientos diciendo: "Te entiendo. Estás impaciente por saber qué es el regalo. Dos días parecen mucho tiempo cuando uno está ilusionado porque llegue algo". Además de validar el ansia de Nina por abrir el regalo, habría demostrado que se preocupaba por Ron validando sus sentimientos y preferencias. Entonces Nina se hubiera sentido comprendida y con fuerzas para afrontar sus intensas emociones, mientras que Ron hubiera notado la confianza y el aprecio de su padre. Nina podría incluso haber investigado la fuente de su enfado, que era el pensar que debería recibir el regalo de inmediato. Sin este pensamiento, hubiera estado ilusionada al saber que la esperaba una sorpresa más.

¿Y si Nina hubiera rabiado durante horas? El budismo zen tiene una respuesta útil: entonces hubiera rabiado mucho, mucho rato bajo la amorosa atención de su padre. Los niños a veces se aferran a la rabieta porque necesitan llorar; otras veces pueden estar subconscientemente forzando a sus padres a tomar partido o a tomar una posición clara de liderazgo. También hay situaciones en que el niño simplemente es un reflejo del padre o de la relación de los padres entre ellos. Independientemente de lo que provoque inconscientemente la pataleta, validar las emociones proporcionará alivio y claridad.

Una directriz útil es no alterar el curso de los acontecimientos a menos que sean potencialmente peligrosos. La realidad en casa de Jack era que Ron iba a darle a Nina su regalo en la fiesta. Otorgar al niño el poder de aceptar la realidad es un regalo mucho más valioso que enseñarle que si se muestra lo bastante desdichado y rabioso, la realidad se adaptará a sus deseos. La vida no proporciona cambios de la realidad para satisfacer los deseos humanos, y alterando omnipotentemente las circunstancias no deseadas, acabamos con los retos y los desengaños del camino del niño que de lo contrario saldría fortalecido de ellos. En otras palabras, la lección que se da al modificar la realidad para complacer al niño dice: "Eres demasiado débil para manejar esta situación" y "Algo va mal y hay que cambiarlo". Es el punto de vista de la víctima. En cambio, la lección centrada en la escucha dice: "Confío en ti. Tienes la fuerza para salir de esta dificultad y de aceptarla o resolverla". El niño entonces aprende a apreciar la vida en lugar de temer sus muchos giros inesperados.

Siempre y cuando se respete la autonomía del niño, este tendrá la capacidad emocional de soportar las desilusiones y afrontar las obstrucciones ocasionales a su voluntad. Los niños que han aprendido a conseguir las cosas mediante la expresión emocional experimentan un gran alivio cuando los padres finalmente escuchan su angustia.

ESCUCHAR EL ENFADO DEL NIÑO

El enfado es un sentimiento que expresa culpa y hace que la persona se centre fuera de sí mismo y se aleje de sus sentimientos y pensamientos íntimos. Es el resultado de verse como una víctima. El niño puede enfurecer porque ha perdido un juguete, porque la lluvia ha frustrado su juego o porque ha perdido una partida. Al señalar con el dedo a alguien o a algo, el niño se declara impotente, porque no puede cambiar el pasado ni controlar a los demás; declara que su felicidad depende de las fuerzas externas y que no puede hacer nada al respecto. Centrar la atención en el exterior impide que el niño vea su interior y conozca los sentimientos sobre los que sí tiene poder.

Un niño enfadado se centrará en lo malo que es usted porque lo ha llevado tarde al partido, y evitará la tristeza que le provoca haberse perdido una buena parte del partido de voleibol. Sin embargo, afrontar la pérdida de parte del juego es mucho menos doloroso que la impotencia de querer retroceder en el tiempo y controlar las acciones de papá. Efectivamente, la verdad en el momento es mucho más amable que el drama inculpatorio que la mente añade a la situación. Como se observa en la historia de Lizzie del Capítulo 1 (página 1), que se perdió su programa de televisión, Lizzie se conformó estar en la tienda y perderse el programa en cuanto pasó del enfado (acusar a su madre y centrarse en lo que iba mal) a estar presente ante su pérdida: "Me he perdido el programa". La realidad no era tan mala como su historia sobre ella y la asimiló con facilidad.

Para ayudar al niño enfadado, hágale preguntas que le ayuden a darse cuenta de los pensamientos que le han llevado al enfado y que le conecten con los sentimientos que no están asociados con la culpa. Estos pensamientos dolorosos suelen ser negaciones de la realidad, como "Las cosas no deberían ir así" o "No debería haber roto mi bastón", o deseos imposibles: "Quiero irme a casa" (cuando no se tiene coche y se depende de otra persona), "Quiero quedar el primero", etcétera.

Formule preguntas que le ayuden a conectar consigo mismo y centrarse en los pensamientos y sentimientos que no estás relacionados con la culpa. Por ejemplo, si su hijo enfadado acusa: "Nos han traído demasiado pronto", puede usted validar el sentimiento subyacente: "¿Estás molesto porque querías quedarte un rato más en el parque?". O si su hijo culpa a su hermano por tener que asistir a su partido de fútbol, puede decirle: "¿Te sientes frustrado porque quieres ir a la biblioteca y no al partido de tu hermano?". Si el niño reacciona a sus palabras cerrándose en sí mismo, no emplee palabras que describan sentimientos. Sólo describa lo ocurrido y lo que el niño quería: "¿Querías quedarte un rato más en el parque?" y "Ah, tú querías ir a la biblioteca y no al partido de fútbol. Lo comprendo".

Entonces escuche al niño describir su experiencia a su manera y no responda con negación.

Tan pronto como los niños pasan su atención hacia lo que es presente, física y emocionalmente, suelen aceptar la realidad sin esfuerzo alguno; y, si no lo hacen, parecen encontrar maneras creativas de responder o solucionar sus problemas.

Una de las razones por las que a menudo queremos calmar a un niño enfadado y detener su expresión emocional es porque imaginamos que escucharle nos llevará demasiado tiempo. En realidad, sólo se precisa mucho tiempo cuando el niño no siente alivio. La culpabilización no proporciona alivio por mucha razón que tenga el niño, y la validación de la culpa sólo consigue echar leña al fuego. Centrarse en los poderes que actúan fuera de uno mismo hace que la persona se sienta impotente; cuanto más rabie, más se hunde emocionalmente en el agujero de víctima indefensa.

Recuerde que estamos afrontando situaciones que ya han terminado (rodilla arañada, abuela que no ha venido) o sobre las que no tenemos control. No podemos detener la lluvia y no sería bueno para nuestros hijos que pudiéramos. Tampoco podemos cambiar a las personas, de manera que ayudar al niño a ser dueño de sus sentimientos le preparará para conectar con los demás; no pasará su vida intentando cambiar a las personas para que encajen con sus expectativas. En lugar de ello, aprenderá a vivir con las personas y a tomar decisiones que no requieran controlar a los demás.

Para favorecer la autocomprensión, hágale preguntas que ayuden al niño a descubrir los pensamientos, significados y miedos que provocan su enfado. Las preguntas útiles son las que ayudan al niño a verse como la causa de sus sentimientos (no de lo ocurrido). Una vez es consciente de su proceso y está en conexión con sus sentimientos resultantes, puede verlo todo con más claridad (y usted también) y buscar soluciones productivas.

Puede utilizar una de estas cuatro preguntas básicas diseñadas para explorar los pensamientos que provocan la rabia y otras emociones dolorosas:

> *"¿Qué crees que significa?"*
> *"¿Cómo te sentirías si hubiera salido como querías?"*
> *"¿Qué es lo peor que puede ocurrir?"*
> *"¿Cómo deberían ser las cosas?"*

Incluso un niño pequeño puede aclararse mejor comprobando que su modo de hablarse a sí mismo es lo que causa su enfado. Quizá deba ser más concreto si el niño es pequeño:

> *"¿Pensaste que si te llama 'tonto' lo eres en realidad?"*
> *"¿Cómo te sentirías si no te hubiera llamado 'tonto'?"*
> *"¿Qué es lo peor que puede ocurrir ahora?"*
> *"¿Crees que no debería llamarte 'tonto'?"*

Una vez el niño ve qué pensamientos provocan su dolor, se le puede preguntar cómo se sentiría en la misma situación sin sus ideas. Entonces puede comprobar que la causa de su enfado no es lo ocurrido, sino los pensamientos a raíz de lo ocurrido. Lo sucedido, aunque fuera algo indeseado, es mucho más fácil de asimilar que los pensamientos de miedo y dolor que la mente elabora. Sin la culpa ni la dramatización, el niño ya no depende de nadie para ser feliz y es probable que recurra a su poder. Cuando la realidad es implacable, aferrarse a los pensamientos dolorosos y querer lo imposible provoca sufrimiento. Los niños se percatan de esto enseguida, a menos que les enseñemos que aferrarse al dolor produce beneficios que merecen la pena.

El siguiente ejemplo demuestra cómo la pregunta "¿Qué significa para ti?" puede ayudar al niño a reconocer sus emociones más profundas y su causa. Cuando su madre le ayuda a examinar la validez de sus pensamientos, el niño descubre que el significado que les ha añadido él mismo le han causado el dolor e impotencia que siente:

> *Mario, de doce años de edad, estaba indignado con sus hermanos menores. Dijo a su madre, Beth, madre soltera, que continuamente le molestaban y que le fastidiaba que nunca se enfrentasen a las consecuencias de su comportamiento. Beth preguntó: "¿Quieres que impida a tus hermanos que te molesten?".*
>
> *"Supongo", empezó, y siguió con enfado "Haz algo, no sé. Es que nunca haces nada. Son unos pesados".*
>
> *Beth comprendió que Mario se centraba en la culpa, la venganza y el castigo, y que su pregunta no era útil porque implicaba que la solución dependía de lo que ella hiciera en lugar de depender de la autocomprensión de Mario de su relación con sus hermanos.*
>
> *"¿Crees que significa que no me importas?", preguntó ella. (Esta es la primera de las cuatro preguntas útiles.)*
>
> *"Sí. Y que no me quieres."*
>
> *"Cariño, esto me duele", dijo. "¿Crees de veras que no me importas si no intervengo?" (Comprobar la validez.)*

"No. Ya sé que te importo."

"¿Cómo te sentirías si no pensaras que no me importas?" (Detectar el significado añadido que provoca el dolor.)

"Pues no sé. Siguen siendo un incordio, pero puedo arreglármelas solo."

"De modo que lo que más te duele es la idea de que no me importas."

"Mmm, sí, supongo", Mario se puso a llorar. Entonces, sin más, se echó a reír y dijo: "Bueno, ya sé que me quieres". Beth le abrazó.

"Yo también les fastidio", siguió Mario. "Supongo que a veces necesito estar sin ellos un rato. Y, cuando me molestan, puedo cuidar de mí mismo."

Aquella noche tuvo lugar una reunión familiar y se discutieron posibles maneras de solucionar las peleas entre hermanos y de respetar la necesidad de intimidad de Mario. Cuando se les ocurrieron algunas ideas, Mario dijo: "Dejémoslo. Puedo arreglármelas con vosotros. Es que estaba encallado con la idea de que no le importaba a mamá".

La historia de lo ocurrido rara vez es el problema. Mario creó su enfado al decirse a sí mismo que la falta de intervención de su madre significaba que no le importaba. Su enfado no tenía nada que ver con sus hermanos. Mientras se aferró a su interpretación, Mario no pudo resolver sus problemas con sus hermanos; si se cuidaba de su relación con ellos, su "historia" sobre su madre se destruía. Una vez Mario se responsabilizó del significado que había inventado, no tuvo problema en resolver los otros asuntos. Beth me dijo más adelante que ella también había tenido una revelación en cuanto a su expresión de amor.

Se dio cuenta de que no dedicaba mucho tiempo a Mario y decidió pasar más tiempo con él.

Pasar de la culpa a la autocomprensión no significa que no tomemos acciones para aliviar heridas si es necesario. Al contrario, la claridad nos conduce a soluciones productivas. Por ejemplo, si un niño está enfadado porque odia las nuevas clases de baile, es posible que deba hacer algo al respecto. Cuando tenga claro lo que le provoca el dolor, sabrá si debería dejar de ir a clases o buscar otra solución como cambiar su lugar en la barra o comunicarse mejor con la profesora. En lugar de quitarle el problema de las manos, deje que aproveche la ocasión para trabajar su conciencia de sí mismo y su asertividad. Con claridad, usted también aprenderá mucho y sabrá si hay algo que deba hacer o no.

Evite decir algo que pueda invalidar el enfado de su hijo, como "Estás exagerando" o "¿Por qué estás tan disgustado? Es una tontería". El niño cuyo enfado se invalida interiorizará la imagen negativa de sí mismo y podría sentirse cada vez más resentido e inseguro. Pero lo peor es que cada vez estará más a la defensiva y será más incapaz de ver las soluciones positivas. En la historia anterior, si Beth hubiera invalidado a Mario, a él le habría parecido aún más que no le importaba, y habría estado incluso más convencido de su visión.

Para ayudar al niño a hacerse con el poder y descubrirse a sí mismo, tenemos que aparcar nuestra propia reacción y evitar arreglar la situación o controlar al niño. Nuestra capacidad de desprendernos del control es un ejemplo de fuerza porque no cedemos a nuestra reacción mental; en lugar de ello, nos centramos en el niño, pasamos de la reacción a la creación y de la debilidad al poder. La verdadera fuerza no se impone, sino que se ofrece.

PROCESAR HERIDAS PASADAS

En ocasiones, los niños, como los adultos, necesitan recuperar acontecimientos del pasado para librarse de ellos y del dolor que les provocan. Cuando el dolor pasado de un niño se estimula de nuevo a causa de un acontecimiento presente, el niño liberará el antiguo dolor junto con el nuevo, a menudo sin darse cuenta. Los niños pueden no ser conscientes de cómo un enfado actual está relacionado con un acontecimiento pasado, o pueden ser los diseñadores conscientes de su propia terapia. Los niños son ingeniosos al crear situaciones que les permitan expresar sus emociones cuando cuentan con la atención de alguien que les escuche con cariño, como demuestra la siguiente historia:

> *Michelle y yo hablábamos en la sala mientras su hijo Billy, de siete años, y su hija Thea, de tres, jugaban fuera. De repente, oímos gritar a Thea. Al salir para ver qué había pasado, Michelle y yo vimos el triciclo de Thea volcado sobre el césped. Entonces Billy dijo que había tirado la bici de su hermana al suelo.*
>
> *Michelle se enfadó y le regañó: "¿Desde cuándo crees que puedes ir por ahí tirando bicicletas?"*
>
> *"Tú lo hiciste", gritó Billy.*
>
> *"Esto no quiere decir que tú puedas hacer lo mismo", gritó Michelle.*
>
> *Me fascinó la recuperación ingeniosa de Billy de un acontecimiento pasado desagradable para resolver la situación. Con el permiso de Michelle para apoyarla en su respuesta a la sesión de terapia espontánea del niño, le puse la mano en el hombro y le recordé: "Sea lo que sea, tiene que ver con Billy".*

> *Entonces Billy puso sus cartas sobre la mesa. "En el viaje a Minnesota, tiraste mi bici al suelo y se rompió", dijo, mirando a su madre y echándose a llorar.*
>
> *Michelle validó la rabia de Billy diciendo: "Tiré tu bici al suelo, comprendo que esto te entristezca y te enfurezca. Quieres que se respeten tus cosas".*
>
> *Billy continuó: "Estabas enfadada con el abuelo y por eso tiraste mi bici. ¡No es justo!".*
>
> *Michelle aceptó el torrente de emociones acumuladas en su hijo sobre aquel episodio, y escuchó sin oponer resistencia. "Tienes razón", dijo, "no fue justo. Expresé mi rabia arrojando tu bicicleta", a lo cual Billy respondió echándose al suelo y llorando. Entonces, casi tan repentinamente como había comenzado, Billy terminó su "sesión de terapia" diciendo: "Vale, ya podemos ir al parque", nuestro plan para la tarde.*

Billy ni siquiera necesitó examinar su enfado porque pasó a los sentimientos sin culpa (tristeza y lágrimas) por sí mismo al no encontrar resistencia por parte de su madre. Los niños suelen evolucionar con el flujo de los acontecimientos cuando vamos a favor y no en contra de sus reflexiones. Las expresiones, acciones y comportamientos de muchos niños responden a la necesidad de mantener su equilibrio emocional. A diferencia de esta historia, en la mayoría de las situaciones no hay manera de reconocer la situación que el niño recrea. Tanto si es durante el juego, mientras come la cena, se acuesta o corre por el parque, el niño dirige su camino hacia la claridad emocional. Suele estar generalmente satisfecho porque es autónomo y porque es libre de expulsar las heridas de su sistema.

LA LIBERTAD DE EXPRESIÓN DE LOS PADRES

Los niños suelen ser expresivos por naturaleza y no desean esconder sus sentimientos. Para fomentar este rasgo natural debemos ser un ejemplo y compartir nuestras propias emociones. Mostrarnos vulnerables nos conecta con nuestros hijos, mientras que vestir una coraza nos separa de ellos y les enseña a vivir en aislamiento y desconfianza.

Algunos padres temen que sus emociones hieran a sus hijos. Sin embargo, se puede evitar herir con palabras sin necesidad de esconder los sentimientos. Herimos a los demás cuando les cargamos con la responsabilidad de nuestros sentimientos o cuando les ordenamos que hagan cosas y nos enfadamos si no nos obedecen.

Hable como autor de sus emociones y sus preferencias, y sus palabras no herirán a nadie. Cuando los niños se levantan de la mesa y les dice: "Me siento como el esclavo de la casa" o "No veo que se valore mi trabajo", el niño quizá reaccionará con desafío y desagrado; estas palabras le echan la culpa de no adaptarse a sus necesidades emocionales. Pero si se les dice: "No me gusta recogerlo todo sola después de la cena. Me gustaría que me ayudaseis un poco", no le echa la culpa a nadie, y pide lo que quiere. Cuando el niño no se siente responsable de los sentimientos de los padres, no se siente herido por su expresión. Intente no encubrir su necesidad con moralizaciones: "Deberías ayudarme" o "Tienes que aprender a hacer tu parte" no son comunicaciones honestas. Hable con sinceridad: "Necesito que me ayudes. ¿Me harás el favor de recoger la mesa?".

Tras esta comunicación, respete la decisión autónoma de su hijo de actuar o no hacerlo. No está obligado a satisfacer sus necesidades aunque le esté sirviendo usted. Usted quiere que la cocina esté limpia. A él no le importa. El niño debe sentirse libre para elegir, sin miedo a la reacción de los padres y sin sentirse obligado a complacerles, sino movido por un auténtico deseo que le proporcione alegría y satisfacción. Cuando su elección entra en conflicto con las expectativas de los padres, hay que tratarle con dignidad y comentar sus preferencias y las propias hasta que lleguen a una solución que les parezca bien a ambos. En general, tener unas expectativas dificulta adaptarse al flujo de los acontecimientos y dificulta el amor incondicional hacia el niño. Su relación son su cónyuge, sus hijos y otras personas florecerán cuando diga "sí" a lo que son. Más importante aún, cuando su hijo opta por no ayudarle, le proporciona una oportunidad para aprender algo de sus pensamientos dolorosos. Cuando usted piense, "Debería ayudarme" y no lo haga, puede usted aprovechar la lección y liberarse de este juicio interno. ¿Cómo se sentiría usted sin esta expectativa?

Los padres con frecuencia protestan ante estas sugerencias y dicen: "Pero tiene que irse preparando" o "Tiene que acostarse a su hora" y "No puedo hacerlo todo yo" y otros ejemplos que parecen inevitables. Si usted se expresa de manera que deje libre al niño emocionalmente, él puede ser su compañero, no un obediente sujeto. A cambio, descubrirá que gran parte de lo que usted percibe como "obligación" puede modificarse. Es posible que pueda salir a realizar sus encargos mientras su pareja se queda en casa con los niños o puede hacer que la salida sea divertida para su hijo; puede encontrar soluciones para la hora de acostarse y de comer, para las tareas y otras fuentes de conflicto. A veces hacer uno mismo las cosas lleva menos tiempo y es más apacible. Es más probable que enseñe participación y paz cuando se exprese usted con autenticidad.

Exprese su visión, no implique a su hijo. En el momento en que culpe, moralice u ordene, perderá la comunicación con el niño. Cuando espere obediencia, el niño se resistirá; pero cuando cuide de usted, su hijo podrá escucharle y tomar sus propias decisiones. Entonces puede usted respetar sus decisiones porque juega su propio papel, no el del niño.

La capacidad del niño de responder a la necesidad de los padres está relacionada con la manera en que estos se expresen. Si implican que el niño es responsable de sus sentimientos, le abrumará y le intimidará, de tal forma que es probable que le paralice con tal carga y le deje incapaz de simpatizar con sus expectativas. Algunas de las frases que típicamente cargan la responsabilidad de los propios sentimientos sobre el niño son:

- "Me haces sentir..."
- "Me siento poco valorado."
- "Me irritas."
- "Haces que me sienta frustrado."
- "No sé cómo manejar tu..."
- "Cuando haces tanto ruido me entra dolor de cabeza."
- "Me estás volviendo loco."
- "No puedo contigo."
- "Estoy agotado, no paras nunca..."

También podemos culpar sin pronunciar una palabra o de formas más sutiles con nuestras expresiones faciales y lenguaje corporal. Elabore su propia lista de palabras y expresiones que usa para provocar culpabilidad. Ser consciente de ellas le ayudará a evitar su uso.

En ocasiones, los padres desean proteger al niño de sus emociones más intensas. Pero, decirle al niño que está usted bien cuando en realidad está a punto de estallar le lleva a esconder las emociones fuertes y temerlas. Además, al imaginar el motivo de su enfado, el niño, que es egocéntrico por naturaleza, probablemente asumirá que es por su culpa, concluirá que uno debe mentir cuando se siente mal o llegará a otras interpretaciones dolorosas.

Si puede esconder de verdad su disgusto ante el niño, entonces no necesita sacarlo a colación. No obstante, si debe expresarse, comparta sus sentimientos de manera segura. No es necesario asustar al niño con detalles innecesarios ni utilizarlo como consejero. Se puede, no obstante, compartir los sentimientos y los detalles que el niño pueda comprender.

Debe usted hablar de sus sentimientos, no culpar a nadie ni quejarse. Por ejemplo, si llega a casa nervioso, puede decir: "Estoy furioso por algo que ha pasado en el banco. Necesito gritar". O, al enterarse de la enfermedad de un amigo, puede decir: "Mi amigo, Tova, está enfermo. Necesito tiempo a solas y una sesión con mi consejero". En ocasiones puede añadir: "Esto no tiene nada que ver contigo. Lo resolveré solo". Estas explicaciones sencillas evitan que el niño se sienta culpable. A menudo, como se siente seguro, mostrará interés y cariño.

Es crucial que reconozca usted su necesidad de liberar las emociones fuertes, si su pareja o un amigo puede prestarle atención, aproveche para desahogarse. Si necesita fijar una cita con un consejero, hágalo y explique al niño que va a hablar usted de sus sentimientos intensos con su consejero o que los trabajará solo. Si lo hace solo, siga las directrices de autocomprensión definidas en el Capítulo 1.

No sólo de la forma en que se relacione usted con su hijo moldeará sus formas de libertad de expresión. La interacción con su pareja y con otros adultos y niños son un ejemplo constante para el pequeño. Aprenda a revelar sus sentimientos sin herir a los demás. Al vernos llorar, lidiar con la ambivalencia y dar voz a otras emociones difíciles, los niños conservarán su libertad innata de expresar sus propios sentimientos y conseguir fuerza y libertad emocional.

No es necesario proteger al niño de los sentimientos intensos, sólo evite relacionarlos con el enjuiciamiento de él o de otros. Si se juzga o se culpa, hay que reconocer el error y repararlo. Los únicos sentimientos que no se deben compartir con el niño son las angustias parentales que puedan asustarle por tener que ver con la seguridad del niño u otro miembro de la familia, como "Tengo miedo de que se haga daño", un pensamiento que pueda afectar la percepción que el niño tiene de sí mismo, "Tengo miedo de que no lo consiga", o las preocupaciones sobre su bienestar, "Enferma con mucha facilidad; temo por él".

Al ver que usted se expresa sin hacer responsables a los demás de sus sentimientos, el niño aprende que es seguro y aceptable expresarse. Al hacerlo, se conocerá a sí mismo y trazará su propio camino manteniendo el control; sabrá expresar sus emociones y seguir adelante. No podemos proteger a nuestros hijos de los retos vitales, pero sí podemos darles ejemplo para que amen la realidad y podemos proporcionarles libertad de expresión, algo vital para la resistencia emocional.

Capítulo 4

Seguridad emocional

Comparta la vida con un niño que actúe con cariño y productivamente, no porque le tema a usted, sino porque quiera hacerlo.

Los niños sólo pueden liberar estrés y mantener su bienestar emocional cuando se sienten completamente seguros para expresarse. La necesidad de sentirse emocionalmente seguro está por tanto muy relacionada con la necesidad de libertad para expresarse. El niño se sentirá seguro cuando se le trate con amabilidad y respeto ante la expresión de sus emociones y cuando observe que sus padres son vulnerables y vea que otras personas pueden expresarse con seguridad.

El niño aprende con la experiencia: ¿Puede cometer errores o se le avergonzará? ¿Puede llorar y contar con la atención respetuosa de los padres o se le menospreciará? ¿Puede confesar sus miedos y contar con un oído de confianza? Las otras personas con quienes usted se relaciona, ¿pueden expresarse y cometer errores? Si el niño debe mantenerse en guardia para no decir ni hacer algo "mal" no se sentirá seguro para expresarse sin miedo a ser juzgado, menospreciado, aconsejado o impulsado a cambiar de opinión. No podrá expresarse con autenticidad mientras no se sienta seguro del amor incondicional de sus padres.

Nuestro objetivo no consiste en educar al niño para que no tenga miedos (lo cual es imposible y peligroso), sino asegurarnos de que la carga natural de angustias encuentre salida para que el niño mantenga su equilibrio emocional. El estado de constante angustia daña la capacidad del niño para pensar, aprender, relacionarse y desarrollarse. En casa debe sentirse seguro y poder liberar las emociones ante la escucha atenta de los padres y cuidadores. Entonces podrá librarse de sus preocupaciones sin aferrarse ni ignorar el dolor que le provocan.

Por mucho que intentemos evitarlo, los niños viven siempre con cierta intimidación, algo natural en los seres humanos pequeños, con poca experiencia vital y que dependen de los mayores para sobrevivir. Como padres, somos los protectores y el refugio de nuestros hijos, que confían en nosotros hasta que se hacen adultos. Por su bienestar y el nuestro, debemos ser aliados fieles del niño. El pequeño necesita experimentar que valoramos sus sentimientos, elecciones y pensamientos. En una sesión, un padre me explicó esta historia sobre la escucha.

> *En el parque, Herbie, de cinco años, bajaba por el tobogán solo al llegar dos niños. Se le acercaron cuando estaba sentado al pie del tobogán, al finalizar una bajada. "¿Juegas con nosotros en el carrusel?", preguntó uno de ellos.*
>
> *Herbie les miró en silencio y no se movió. Entonces, se dirigió a su padre, Robert, y escondió la cara en su abrigo.*
>
> *Uno de los chicos preguntó al padre: "¿Por qué no habla?".*

"Creo que quiere jugar solo", contestó Robert.

Los dos niños se marcharon. El padre acarició al niño y dijo: "¿Quieres seguir jugando?".

"Quiero irme a casa", respondió Herbie.

"Vámonos", Robert se levantó y, cogidos de la mano, empezaron a andar.

"¿Te gusta tener el parque para ti solo?", dijo Robert, intentando adivinar la preferencia de su hijo.

"Sí."

"¿Y te gustaría que los demás niños no hablaran contigo?"

"Sí."

"Ya, entiendo como te sientes. Yo a menudo también prefiero hacer solo las cosas."

"A Betsy le gusta jugar con otros niños", dijo Herbie, hablando de su hermana mayor.

"Sí, lo sé. Tú te pareces más a mí. Cuando era pequeño, me gustaba jugar solo y no quería hablar con los otros niños. Está bien poder hacer lo que a uno le parece mejor."

"Papá."

"Dime, Herbie."

"¿Sabes lo que me parece mejor ahora?"

"¿Qué?"

"Ir a casa y acabarme la pizza."

El padre de Herbie no intentó hacer cambiar de opinión al niño, ni convencerle de nada, ni implicó que su elección no fuera buena. Al respetarle y al compartir información validadora sobre sí mismo, el padre de Herbie creó un entorno emocionalmente seguro y una conexión sincera. Con este voto de confianza, el niño puede crecer confiando en sí mismo y permitiéndose mostrarse vulnerable ante su padre. Nuestro objetivo consiste en forjar una relación en que el niño desee compartir sus sentimientos y pensamientos con nosotros porque confíe en nuestro amor incondicional.

Cualquier duda que aloje la mente del niño sobre nuestro apoyo inequívoco puede dificultar su capacidad de relacionarse con nosotros. Puede reaccionar de forma poco auténtica para evitar provocar nuestro enfado o críticas. Puede rehusar decirnos cómo se siente porque la última vez que lo intentó estábamos muy ocupados y no prestamos atención o nos mostramos más interesados en darle consejo que en escucharle. O puede que acceda rápidamente a nuestras peticiones no porque le guste ayudarnos, sino porque no se atreve a ser asertivo. Estas reacciones acaban despojando al niño de la capacidad para conocer y fiarse de sus sentimientos, y pueden dificultar su capacidad de pensar y forjar relaciones.

Muchas personas reconocen esta poca autenticidad al cabo de los años, ya de adultos. En una sesión, una madre compartió conmigo su tendencia de niña a ser la mejor alumna. "No tenía elección", dijo. "Tenía que ser la mejor y fingía disfrutar del reto. Por dentro, me sentía indefensa y temía que si no era la primera de la clase no me querrían ni me valorarían."

Otra madre me explicó que con frecuencia fingía estar de acuerdo con su padre para ganarse su favor frente a su hermana. "Mi padre proponía una solución para nuestra discusión y yo la aceptaba, aunque estuviera furiosa y necesitara otra solución." Los niños anhelan tanto nuestra aceptación que cualquier acción parental que no sea cariñosa o respetuosa puede provocar la duda. Los niños no sólo deben estar seguros de nuestro cariño y respeto, sino también de que apreciamos su expresión de disgusto cuando se les critica o molesta. El ideal de educar niños que experimenten y observen sólo amabilidad no refleja una experiencia humana común. Al intentar tratar al niño de la mejor forma posible, acepte también su falibilidad y la de su hijo. Sea sincero y posibilite al niño la comunicación de sus sentimientos; si reconoce las maneras en que es posible que intimide al niño, podrá restablecer la confianza cuando parezca disminuir.

Como he dicho antes, la negación o el juicio de los sentimientos y elecciones del niño son la principal causa de su angustia. Si el niño se avergüenza por lo que dice o hace, puede que se encierre en sí mismo y finja ser como se espera que sea. Su obediencia puede confundirnos de modo que seamos inconscientes de las dificultades hasta que surjan problemas mayores.

Otro instrumento de culpa e intimidación son los insultos en forma de "humor". Los comentarios realizados a la ligera pueden levantar una barrera de desconfianza. El niño herido probablemente fingirá divertirse con la broma mientras sufre en su interior. Recuerdo la anécdota de Joseph y su abuelo.

Joseph, de seis años, estaba cenando con sonoro placer, ya que comía con la boca abierta.

"Oye, Joseph, oigo que comes incluso con los ojos cerrados, y si los abro, puedo contarte los dientes", dijo Ted, el abuelo de Joseph, con una carcajada.

Joseph no dijo nada.

"No sé cómo te sientes por este comentario", dijo su padre, Sam, a Joseph, para hacerle sentir seguro. Entonces le preguntó: "¿Quieres decir algo al respecto?".

"Sí, ¿cómo te has sentido con mi broma?", preguntó el abuelo Ted.

Sin levantar los ojos, Joseph respondió: "Ah, ha sido divertido".

Más adelante, en una sesión, Joseph dijo: "Finjo que me gustan sus bromas, pero las odio. Me hacen sentir mal. Se ríe de mí y dice que es 'humor'".

"¿Por qué no le dices a tu abuelo cómo te sientes?", preguntó su padre.

"Temo que se enfade contigo, papá", respondió Joseph. "Él cree que debería reírme con sus bromas."

La manera más fácil que tiene el niño de acabar con una situación desagradable es fingir que está contento de hacer lo que complazca al adulto. Un menosprecio disfrazado de humor ya es bastante doloroso. Fingir que se acepta como "una broma" ahorra más insultos al niño. Aún así, al experimentar la intimidación, el niño es incapaz de sentirse querido. Se siente confundido cuando la persona a la que más quiere es alguien con quien no puede compartir sus sentimientos auténticos. Con el tiempo, puede concluir algo así como "Algo pasa conmigo. No consigo ser como quieren que sea", una conversación interna que mina la autoestima.

Si bien debemos crear un entorno en que los niños se sientan seguros, no debemos temer cometer errores. Si nos comportamos con miedo, el niño nota nuestra ansiedad que sólo aumentará sus dudas sobre sí mismo. Preocuparse demasiado por la sensibilidad del niño daña su capacidad para aceptar la realidad humana, para aguantar el dolor, para perdonar y para cometer sus propios errores. Siempre y cuando el niño pueda expresar sus sentimientos ante la atención de los padres, será capaz de manejar situaciones difíciles. De hecho, los lances con padres "imperfectos" pueden convertirse en oportunidades de crecimiento cuando no son constantes ni abusivos y si los padres reconocen su falibilidad en situaciones difíciles, validan los sentimientos heridos del niño y enmiendan sus errores.

SUS SENTIMIENTOS Y LA SENSACIÓN DE SEGURIDAD DEL NIÑO

La libertad para expresarse no es idéntica para el niño que para el padre, usted debe escuchar con cariño a su hijo se exprese como se exprese, pero él no puede hacer lo mismo, dado que sus fuertes sentimientos pueden asustarle y porque se toma las emociones de sus padres como algo personal. El niño no está preparado para cargar con la aflicción de sus padres. No es un padre ni un consejero; no está para absorber explosiones de rabia ni para validar los sentimientos de un padre pernicioso. Por lo tanto, diríjase a un adulto para expresar las emociones que podrían dañar o asustar a su hijo.

Puede usted hablar con el niño de los sentimientos que no puedan asustarle o abrumarle. Compruebe que el niño no aloje sentimientos o pensamientos perturbadores antes de exponerle sus sentimientos, siempre y cuando sus palabras no comuniquen culpa ni juzguen a nadie. En otras palabras, céntrese en usted en lugar de hacerlo en la falta de otro. "No me gusta llevar la camisa arrugada" no amenaza a nadie. En cambio, "Es como si no se preocupara de mi ropa" deja al niño preocupado porque otra vez puede ser él el culpable de sus sentimientos. Además de proporcionarle seguridad, evitar la culpabilización comunica al niño que cada uno es la fuente de sus propios sentimientos, por lo que cada uno tiene poder en lugar de ser una víctima.

Si se crió usted en el seno de una familia en que se sintió poco seguro para airear sus pensamientos y deseos, es posible que encuentre difícil crear una en que su hijo se sienta seguro. La razón es que en cuanto su hijo expresa sus sentimientos, sus propios miedos de expresarse pueden aflorar de manera consciente o inconsciente. Por naturaleza, no querrá usted que se le recuerde el dolor pasado, motivo por el cual seguramente impide ahora que se exprese su hijo.

No obstante, debe aceptar sentirse incómodo si quiere pasar de la negación a la exuberancia. No puede permitirse detener la expresión del niño para protegerse de la incomodidad. En lugar de ello, use la fórmula A.P.E.G.O.: (A) aíslese y note su reacción interna, deje que siga su curso silenciosamente (examine sus pensamientos ahora o más tarde); (P) preste atención a su hijo; (E) escúchele; (G) garantice la validación de su percepción y (O) otórguele poder confiando en él y evitando darle soluciones.

En otro momento, anote sus pensamientos e investigue su validez y pertinencia, cómo se sentiría sin ellos y cómo puede aplicárselos a usted mismo. Hágalo por escrito o con la ayuda de otra persona, y trabaje para lograr su autocomprensión. Al hacerlo, no necesitará reaccionar de forma que asuste al niño ni de forma poco pertinente. Al crear un entorno familiar seguro todos tendrán la oportunidad de relacionarse sin herirse mutuamente, y cuando se hagan daño, podrán hablar de ello abiertamente. Efectivamente, educar a los hijos puede servir para educarnos a nosotros mismos.

Algunos padres afirman que sus hijos son capaces de escucharles al expresar sentimientos dolorosos y que demuestran preocuparse. Pero un niño pequeño que adopte este papel puede experimentar miedo y culpa. Tal vez tema que su padre no sea capaz de enfrentarse a situaciones difíciles, o que piense que él provoca la desdicha de su padre y se sienta avergonzado. Aunque no tenemos que encubrir nuestra tristeza o alegría, es demasiada carga para el niño ser la persona que consuele a sus padres, tener padres cuya aflicción amenace con surgir constantemente o que expresen su debilidad o incapacidad para hacer de padres. Para sentirse seguro y confiar en usted, el niño necesita que usted respete sus límites emocionales. Al madurar, el niño que ha tenido la libertad de expresarse paulatinamente desarrollará la capacidad de escuchar y cuidar a los demás.

RECONOCER LOS COMPORTAMIENTOS BASADOS EN EL MIEDO

Muchos niños, cuando se sienten mínimamente inseguros en su relación con los padres, exhiben comportamientos similares. Observar alguno de estos surgidos del miedo nos dice que el niño no se siente seguro emocionalmente. Algunas de las señales más comunes de miedo o culpabilidad son:

- Un niño que se siente inseguro ocultará sus acciones inaceptables. Por ejemplo, molestará a su hermano cuando sus padres no miren. En cambio, un niño que se siente seguro molestará a su hermano sin preocuparse por la reacción de sus padres. De hecho, existen más probabilidades de que lo haga en presencia de sus padres, esperando que estos respondan a sus necesidades.
- Cuando las cosas salen mal (se pierde un juguete, se rompe un plato o se hacen trampas en un juego), si el niño se siente culpable tenderá a mentir porque teme la reacción de sus padres. Cuando les tenga delante, mirará al suelo y hablará bajo o no dirá nada. O puede que grite en un intento por decir su "verdad" de forma convincente. En cambio, un niño que se sienta seguro no necesitará esconder nada. El niño tranquilamente compartirá la información necesaria mirando a los ojos.
- Si el niño tiene miedo a que le juzguen, es probable que deje de hacer lo que esté haciendo cuando el padre entra

en la habitación. Si el niño no ha desarrollado este tipo de miedo puede estar tan absorto en su actividad que ni se dé cuenta de que alguien entra –o, de darse cuenta, siga o invite al padre a ver lo que está haciendo.

- Un niño con miedo evita mostrarse asertivo, especialmente si piensa que sus deseos entran en conflicto con los de sus padres. El niño seguro de sí mismo, sin embargo, se comunicará, verbalmente o, si es pequeño, mediante acciones y señales.
- Sentirse inseguro restringe la capacidad del niño para tomar decisiones. Intentará adivinar lo que será aceptado y teme que se le juzgue. Dirá "No lo sé", o recurrirá al silencio para que sean los padres quienes elijan y así asegurarse la aceptación de la elección.
- El niño que tiene miedo puede ser reservado, aislado y/o desarrollar agresividad, tics, enuresis nocturna, pesadillas u otros síntomas de angustia. Un niño que se siente seguro es comunicativo y actúa relajado ante sus padres.
- La capacidad de concentración se ve gravemente perjudicada por la inseguridad y el miedo de modo que el niño parece incapaz de comprender las cosas. Un niño confiado puede usar de manera óptima su inteligencia.
- Un niño que no se sienta emocionalmente seguro en ocasiones elegirá el camino de la complacencia. Se esforzará por adaptarse en lugar de ser él mismo. Puede portarse excepcionalmente bien, ser obediente y colaborador. El niño seguro de sí mismo no tiene motivo para molestar a nadie ni razón para complacer constantemente a los demás. Será asertivo, auténtico y demostrará sus necesidades reales además de sus ganas de jugar y de colaborar. Tanto si es tímido como si es

extrovertido, el niño que se siente libre para ser él mismo no necesita bailar al son que otros toquen.

Estas demostraciones típicas de intimidación se observan incluso cuando respondemos completamente a las señales del bebé o del niño, amamantamos a demanda, dormimos juntos y le llevamos en la mochila portabebés; no hay forma de escapar a algún que otro encuentro del niño con la inseguridad. Cuando observe una reacción por miedo en su hijo, valide su percepción: "¿Te has asustado cuando he dicho ¡basta!". O, cuando sospeche que esconde sus sentimientos por miedo a su desaprobación, pregúntele: "¿Prefieres no formar parte del equipo de natación? Haz lo que te parezca mejor. Tú eres quien sabe lo que te gusta". Con el tiempo, este tipo de situaciones acompañadas por su confianza en el niño borrarán la intimidación y reconstruirán la confianza entre ambos.

Cuando el niño se siente seguro para expresarse, será auténtico. Mantendrá su bienestar emocional exteriorizando sus heridas con lágrimas, expresiones verbales, el juego o el arte.

Al establecer relaciones familiares seguras para el niño se consigue también libertad de expresión para uno mismo. El hogar se convierte en un lugar que acoge la magnificencia del niño y de los padres, además de sus errores y capacidad de perdonar, en un ambiente de cariño.

EVITAR QUE EL NIÑO MIENTA, ESCONDA O RECURRA A OTROS COMPORTAMIENTOS DERIVADOS DEL MIEDO

Para impedir el hábito del niño de mentir o recurrir a otras acciones defensivas, debemos acabar con el miedo que provoca dichas acciones. Libre del miedo, el niño se sentirá cómodo para ser sincero. A veces, por mucho que se intente crear este entorno de seguridad, el niño puede seguir sintiéndose intimidado sólo porque es pequeño. Muéstrese sensible y respetuoso; no le empuje más allá de sus límites y no demuestre que ha "mentido". Si esconde la verdad, usted sabe que es porque no se siente seguro. Su objetivo consiste en aliviar la causa de su miedo. En una sesión telefónica, Matthew me explicó cómo consiguió proporcionar seguridad a su hija en cierta ocasión.

> *Cuando Matthew entró en el salón, encontró a Adia, de seis años, intentando recomponer un jarrón roto. Parecía nerviosa.*
>
> *"Se ha caído solo", dijo Adia sin mirar a su padre.*
>
> *Matthew pensó qué debía decir. Era un jarrón precioso que habían recibido como regalo de bodas de un buen amigo. Confundido, se agachó y empezó a ayudar a Adia con su misión imposible.*
>
> *Pasado un minuto dijo: "No creo que podamos arreglarlo".*
>
> *Adia paró y echó a llorar. Al darse cuenta de que temía decir la verdad, Matthew la tranquilizó: "Esto puede pasarle a cualquiera. El otro día yo rompí la lente de la cámara".*
>
> *Adia miró a su padre. Algo aliviada dijo: "No sabía que la planta estaba tan cerca del jarrón. La he apartado para que cupiera mi muñeca".*
>
> *"Ya veo, y el jarrón se ha caído del estante", dijo Matthew calmadamente y añadió: "¿Tenías miedo de que me enfadara contigo como el otro día?".*
>
> *Adia asintió.*

"No debería haberme enfadado entonces y no estoy enfadado ahora. Era un jarrón bonito, pero te quiero más a ti. Quiero que te sientas segura para explicarme lo ocurrido."

"Papá."

"Dime, Adia."

"Vamos a por la escoba."

Matthew trató a Adia como cualquier persona habría tratado a un invitado que hubiera roto un objeto valioso accidentalmente. Sabiendo que estas situaciones provocan sentimientos de culpa y vergüenza, hacemos lo que podemos por ayudar a la persona a no sentirse culpable. Matthew se responsabilizó de la necesidad de "mentir" de Adia. No hay lecciones ni palabras para transmitir mejor el valor de la verdad. Las acciones compasivas enseñan sinceridad y crean las condiciones que permiten que la verdad se manifieste.

Naturalmente, no siempre podrá usted mantener la sensación de seguridad completa. Cuando se dé cuenta de que está intimidando al niño, reconozca su error y valídele sus sentimientos para poder recuperar la confianza entre ambos. Con la práctica, mostrarse sensible se convertirá en algo natural.

Las siguientes ideas reforzarán la sensación de seguridad del niño y reforzarán la confianza en su relación con él:

- Evite evaluar al niño (o a otras personas en su presencia) mediante elogios o críticas. Crecer con la necesidad de complacerle y estar a la altura de sus expectativas es una fuente de ansiedad para el niño.
- Hable al niño con respeto, tanto en público como en privado. Reñir, interrumpir, culpar, poner a prueba o juzgar son malas maneras de tratar a una persona, tanto si

es un niño como un adulto, y son métodos que conducen al miedo, la culpa y la desconfianza. Exprese cariño y aprecio, y cuide del niño con alegría.

- Evite comparar a su hijo con otra persona. La comparación es una evaluación, que crea miedo y tensión. Cuando la comparación es a su favor, el niño temerá perder su aprobación la próxima vez, y cuando la comparación es a favor de otra persona, el niño se sentirá herido además de resentido contra la otra persona y usted.
- Sea amable con su pareja, amigos y familiares. Cuando las relaciones no son de cariño, el niño teme que le traten del mismo modo. Además, recuerde que los niños nos imitan.
- Aliente las expresiones emocionales de los niños y responda escuchando, validando y mostrándose amable.
- Respete las decisiones y elecciones del niño. Cuando se enfrenta a ellas, las descarta o impone las suyas, surgen la duda y la inseguridad. En lugar de ello, empiece diciendo "sí", para "forzarse" a encontrar una respuesta de apoyo. "Sí, quieres romper las páginas del libro. Toma estas revistas para romperlas", o "Sí, te gusta jugar y ponerte la bolsa de plástico en la cabeza. Toma una bolsa de papel. No es peligrosa y, si quieres, puedo hacer unos agujeros para que puedas ver por ellos". Incluso cuando no se pueda apoyar la acción del niño, diga "sí" a su intención: "Sí, ya veo que te gusta molestar a tu hermana. ¿Me explicas lo que ocurre?".
- Evite controlar o eliminar los comportamientos infantiles naturales. El ruido, las risas, el desorden y la curiosidad sin límite son naturales y necesarios para el crecimiento.
- No recurra a castigos, tiempo de reflexión, consecuencias, sobornos ni amenazas. No importa el nombre que de-

mos a estas estrategias, no importa lo cariñosamente que las implantemos ni lo bienintencionadas que sean, su propósito es controlar el comportamiento del niño. Por lo tanto, inducen miedo y dañan la confianza entre padre e hijo y conducen a los comportamientos que se pretenden evitar.

EL PRECIO DE CONTROLAR AL NIÑO

Aunque algunos padres afirman que los métodos de control proporcionan una estructura que favorece el buen comportamiento del niño, recuerde que los niños que parecen tranquilos, cooperativos y felices pueden no sentir serenidad y alegría sino que pueden estar simplemente esforzándose por complacernos y satisfacer nuestras expectativas. Detrás de sus acciones, puede que teman expresarse. Cuando obedecen y se comportan bien, estos niños sólo son felices porque complacen a sus padres, no son felices porque hacen lo que les gusta (ayudar, compartir, estudiar). Esta "felicidad" aparente impide a los padres darse cuenta de que se está asfixiando la auténtica manera de ser del niño.

Por ejemplo, una madre me dijo: "Cuando mando a mi hija a su habitación o cuando le doy un bofetón, se calma y parece portarse mejor". La cuestión es: "¿Mejor para quién?". El niño que obedece por miedo no va mejor sino peor. Ha abandonado su propia dirección a favor de su seguridad y para satisfacer a sus padres.

No importa lo amablemente que uno establezca los castigos, tiempos de reflexión o consecuencias, cada método tiene un coste –del que solemos ser inconscientes hasta que, a veces, años más tarde, el niño demuestra una falta de autenticidad o asertividad, depresiones, adicciones, violencia o comportamientos autodestructivos–. El niño no puede experimentar el cariño de los padres mientras se siente controlado. En lugar de ello, se vuelve dependiente pero aislado y más adelante necesitará controlar a otras personas de manera activa o pasiva.

La asertividad (a veces interpretada como "desafío") es la demostración de la voluntad y, por tanto, de la fuerza emocional. La rendición de la voluntad en el niño obediente es una demostración de miedo y de debilidad emocional. Como escribió el educador ruso L. S. Vygotsky: "Las personas con grandes pasiones, las personas que alcanzan grandes logros, las personas que poseen sentimientos intensos, las personas con grandes mentes y fuertes personalidades rara vez han sido niños buenos".

El control ejercido con amabilidad engaña tanto a los padres como a los hijos. El niño que colabora respondiendo a las consecuencias, el tiempo de reflexión o una variante de estos métodos con facilidad e incluso con una sonrisa se siente demasiado inseguro para verbalizar su malestar y suele estar desconectado de sus propios sentimientos. Debe creer que sus padres hacen lo que deben y llega a la conclusión de que su sentido de lo que está mal es erróneo y debe ser ignorado.

Incluso lo que los padres denominan consecuencias "naturales" es algo impuesto por ellos y que provoca el mismo daño y desconfianza que el castigo. Si son naturales, deben ocurrir por sí solas. Por ejemplo, un padre me comentó que las consecuencias "naturales" si su hijo no acababa sus tareas eran no poder ir a casa de su amigo, porque debería quedarse a terminarlas. No obstante, si el niño tenía que fregar los platos y no lo hizo, la única consecuencia natural es que los platos siguen sucios. Cancelar la visita a su amigo es un castigo impuesto por los padres contra la voluntad del niño. El niño temerá este castigo como cualquier otro. Para comprobar la validez de esta observación, pregúntese cómo se sentiría si su pareja le dijera que como no ha cortado el césped como había planeado, ahora deberá hacerlo y perderse su clase de yoga.

Usted puede elegir si quiere saltarse la clase de yoga, y el niño que no fregó los platos puede optar, tras expresar nuestros sentimientos, lavarlos antes de ir a casa de su amigo; pero estas decisiones deben surgir de la comunicación respetuosa entre las personas implicadas y deben basarse en sus auténticas preferencias. Puede usted ofrecerse amablemente para fregar los platos o encontrar otra solución. También puede averiguar por qué no se lavaron, y tal vez descubra la necesidad de modificar las cargas de trabajo o las expectativas. El aspecto controlador es lo que crea desconexión y miedo, no la decisión ni la solución en sí. Cuando ofrece usted su ayuda, el niño aprende a ofrecer ayuda incondicionalmente. El miedo de que se aproveche de usted, como se explicaba en el capítulo del amor, entorpece la libertad de ser generoso y provoca miedo en el niño.

Al ser controlados, los seres humanos se sienten humillados y solos. Cuando se aplican métodos coercitivos encubiertos, el niño queda confundido y puede pensar que su sentido de la humillación es inadecuado y debería suprimirlo. "Mis padres son muy buenos, ¿por qué me siento yo mal? Algo pasa conmigo." Como respuesta, los padres se engañan con la obediencia del niño y creen que su control beneficia al niño cuando en realidad su hijo se siente herido y confundido.

En momentos de desesperación, necesitamos recordar que las medidas disciplinarias inductoras de miedo conducen a obediencia basada en el miedo, no a niños felices. Como lo que deseamos puede lograrse con dignidad, no hay necesidad de caer en viejos métodos que hieran al niño, violen su autonomía y dañen nuestra relación con él. Cuando el niño se sienta seguro para ser él mismo, actuará con competencia, no con el fin de complacer a los padres, sino porque quiere superarse. Será considerado y amable no porque les tema, sino porque les quiere.

DAR SEGURIDAD PARA EXPRESAR MIEDOS INEVITABLES

El miedo puede ser causado por factores sobre los que no tenemos control, pero podemos ayudar al niño a librarse de ellos. Las causas pueden ser varias, desde el nacimiento, procedimientos médicos o separación de la madre, hasta una mala experiencia en el parque, una historia, una película, una visita cuya voz es potente o cuyo aspecto asusta al niño, además de otras causas desconocidas. Si el hogar no es un lugar seguro para expresarse o si los sentimientos del niño se niegan, estas experiencias temibles van creciendo y se convierten en trastornos emocionales. Todas las dificultades emocionales son historias que la mente inventa basándose en experiencias dolorosas. El miedo es el principal componente en la creación de conclusiones autolimitantes en el niño. El miedo no siempre se manifiesta directamente, sino que puede aparecer en forma de otros miedos y angustias. Puede aparecer como miedo a la oscuridad, a quedarse dormido, a los animales, a determinadas personas, al tacto, a estar lejos de casa, etcétera. Algunos de estos miedos son una etapa natural del crecimiento; quedan atrás cuando el niño sabe desahogarse.

Como decía antes, la tendencia a "calmar" al niño entorpece su capacidad de liberarse de sus angustias. Al intentar detener la expresión de sus sentimientos, demostramos nuestra incomodidad con el miedo del niño, lo cual asusta más al pequeño. También puede empezar a dudar de sí mismo y pensar: "Algo pasa conmigo. No debería tener miedo". El miedo al propio miedo puede resultar más doloroso y limitador que aquello que provoca el miedo. Por eso, cuando note que su hijo tiene miedo, valídelo sin dramatizar para que pueda estar en paz con su miedo.

Su calma ante su miedo, ayudará al niño a aceptar que estas experiencias forman parte de ser humano y no son algo que deba evitar o convertir en un drama mentalmente. Si le da miedo la oscuridad, puede usted validar sus sentimientos y escucharle: "Sé como te sientes. En la oscuridad no vemos lo que nos rodea e imaginamos cosas temibles". Si el niño se pega a usted cuando se acerca un perro, levántele para que se sienta seguro en sus brazos. Póngase de parte de su hijo y valide: "Es un perro muy grande. ¿Te da miedo? Estoy contento de poderte coger en brazos". Es mejor no decir: "Es un perro bueno. Puedes acariciarle", etcétera, porque así se niega la percepción del niño. Hacerle saber que está experimentando una emoción humana normal permitirá al niño seguir comunicándole a usted sus miedos sin sentirse mal. Si, durante la infancia, se favorecen las conversaciones sobre los miedos, su poder va perdiendo fuerza con el tiempo.

Ni siquiera las experiencias malas dejan cicatriz cuando se habla de ellas o se expresan con palabras, llantos, arte, terapia de juego y otras expresiones emocionales. Los adultos que no pudieron hablar de las experiencias dolorosas o temibles durante su infancia tienden a sufrir. Sin embargo, en las sesiones de orientación estos adultos descubren que la parte más dolorosa no es la experiencia en sí, sino la soledad, desconexión y miedo a hablar de ella.

Los humanos somos capaces de superar gran variedad de experiencias dolorosas si podemos hablar de ellas o, de muy pequeños, podemos expresarnos y ver cómo se reconocen y se validan nuestros pensamientos y sentimientos. En mi consulta, una y otra vez recibo a adultos que padecieron abusos y que no sufren efectos dañinos, mientras que otros con experiencias similares están hundidos en el dolor que les tortura a diario. La diferencia suele ser la capacidad del niño de hablar con alguien que le escuchó, validó sus sentimientos y le indicó que era capaz de superarlo. Los que están marcados con cicatrices emocionales encuentran rápidamente la curación cuando exploran los numerosos pensamientos dolorosos con que han vivido en soledad. Esto no significa que las experiencias no fueran dolorosas, pero la incapacidad de recuperarse la provoca la soledad y el miedo a hablar de lo ocurrido.

La mayoría de las veces, las experiencias temibles para el niño son benignas y sólo el miedo a hablar de ellas puede hincharlas y convertirlas en historias con impacto negativo. Cuando el niño comparte con usted sus emociones y pensamientos más profundos, se cura de las experiencias dolorosas y temibles, y su mente no convertirá un acontecimiento benigno en una historia traumática.

SEGURIDAD PARA EXPRESAR EL ODIO

En la mayoría de nosotros, la palabra "odio" evoca incomodidad y miedo de herir la valía de alguien. Cuando el niño grita que desprecia a su hermana o que nos odia, podemos sentir el deseo de detener el torrente de emociones "no deseadas". No obstante, el odio no depende de los hechos ni de la verdad, ni es algo que debamos temer. Como la ira, el odio encubre otras emociones que deben ser reveladas y expresadas para que el niño las reconozca. Aunque la causa del sentimiento se base en un malentendido, el sentimiento se experimenta igual; sólo cuando el niño se haya expresado completamente será capaz de reexaminar los hechos y posibilidades.

Si queremos escapar de las expresiones verbales de odio, debemos ayudar al niño a establecer contacto con las emociones que desencadenan el odio. Nuestra tarea consiste en crear un entorno seguro para que el niño exprese las emociones que le conducen al odio, mientras proporcionamos herramientas verbales y situaciones que impidan el daño a otros. Cuando el niño desata sus sentimientos, se da cuenta de que la realidad es mucho más amable que el drama que su mente ha elaborado. En uno de mis talleres, un padre contó una historia en que la validación de las emociones subyacentes disipó el odio:

> *Gabe, de ocho años, quería todo el pastel para él. Cuando la abuela lo repartió entre él y su primo, le dijo: "Te odio. Nunca me das lo que quiero".*
>
> *"¿Estás desengañado porque sólo tendrás medio pastel y querías más?", preguntó ella.*
>
> *"Sí", dijo Gabe, "Quiero todo el pastel. Lo has comprado para mí. Es mi día de visita. Laura ni siquiera debería estar aquí."*
>
> *"Ah, ya veo, quieres ser el único que coma pastel."*
>
> *"Sí. Sólo yo", respondió Gabe con los ojos brillantes.*
>
> *"Sé cómo te sientes cuando..." empezó la abuela, pero Gabe la interrumpió: "Abuela, ¿puedo tomar fresas con el pastel?".*

Los niños con frecuencia se mueven más rápidamente de lo que esperamos cuando sus expresiones no se niegan y se sienten seguros para ser auténticos. A la abuela de Gabe no le gustó la palabra "odio", pero no quiso quitarle a Gabe su sentido de la confianza y seguridad expresados con sus cándidas palabras. En lugar de centrarse en la palabra, su pregunta ayudó a Gabe a ver el sentimiento subyacente de desengaño y su deseo de quedarse con todo el pastel. No negó sus palabras. Entonces el niño pudo librarse de sus sentimientos y disfrutar de la alegría del momento. Con los años y más repeticiones del mismo tipo, Gabe podrá expresarse diciendo: "Estoy desengañado" o "estoy enfadado; quería todo el pastel para mí solo" en lugar de "Te odio". Cuando madure más, también sabrá librarse de las expectativas antes de que le provoquen sentimientos dolorosos y seguirá contento aunque sus planes se modifiquen.

ODIO ENTRE NIÑOS

Lo ideal es que el odio contra otro niño sea absorbido por los padres. Al dar seguridad al niño para soltar sus sentimientos con nosotros, podemos minimizar su necesidad de hacerlo ante su hermano o amigo, que puede tomárselos en serio y sentirse herido. Dígale a su hijo que cuando se enfade con otro niño puede venir a usted y contárselo, que usted le escuchará y no le juzgará.

Los niños suelen resolver sus conflictos a su manera y se expresan odio a pesar de nuestros esfuerzos para evitarlo. Son ingeniosos y crean escenas que pueden parecer dolorosas a los adultos pero que representan un valioso psicodrama para ellos. A menudo intercambian comentarios despreciativos de manera que todos quedan equilibrados en cuanto a poder. Pero cuando el poder se desequilibra, los niños, egocéntricos por naturaleza, se tomarán estos comentarios como algo personal y se sentirán heridos o inseguros. En tales ocasiones, podemos cometer el error de correr para deshacer el odio negándolo: "Oh, no, la queremos mucho; es una niña lista y muy buena". El niño, no obstante, queda afectado por nuestra ansiedad más que por nuestras palabras. Aprende que el insulto debe de ser terrible y que tiene que sentirse mal. Lo que podemos hacer en lugar de esto es otorgar poder al niño ante los insultos preguntándole cómo se siente y validando sus emociones para que pueda recuperar su sentido de la valía viendo lo que sabe que es cierto. Por ejemplo:

> *Roy se acercó y se quejó a su tía: "Maryann me ha llamado 'tonto' y me ha dicho que me odia".*
>
> *"¿Cómo te sientes?", preguntó su tía.*
>
> *"Tonto", respondió.*
>
> *"¿Y crees que eres tonto o malo?", preguntó ella.*
>
> *"No", contestó con seguridad. "Sé que soy listo y muy bueno." Al cabo de un momento de reflexión, se marchó y siguió con su juego.*

Otorgar poder al niño para que siga en contacto con su valía ante las palabras ofensivas le prepara para futuros encuentros en su vida. La tía de Roy ayudó al niño a darse cuenta de que se siente tonto sólo cuando considera verdad las palabras de su amiga; su visión de sí mismo le llena de confianza. En otras palabras, le formula preguntas que le ayudan a ver que de él depende qué pensamiento creer. Si quiere formular preguntas así de eficaces, busque la pregunta general –"¿Qué pensamiento es doloroso para ti?"– y tradúzcala según la situación que el niño le explique. Nuestra comunicación puede dar como resultado una revelación como la de Roy, o lágrimas que liberen ansiedad y dudas acumuladas. Sea lo que sea, hará avanzar al niño hacia el reconocimiento de su sabiduría y fuerza interiores.

Si los sentimientos de odio no se expresan con palabras a los padres, los oídos de los niños los oirán una y otra vez. Podemos minimizar la acumulación de resentimiento entre niños satisfaciendo sus necesidades individuales y escuchándoles cuando sientan rabia y odio. Cuanta más aceptación mostremos ante los sentimientos de los niños, más vendrán para explicárnoslos y más evitaremos que los expresen ante hermanos o amigos. (*Véase* "Escuchar el enfado del niño", págs. 144-150.) Con el tiempo, su hijo aprenderá a sentir estas emociones personales y prescindir de la reacción de culpa y odio.

"OJALÁ PUDIERA LIBRARME DE MI HERMANA"

Existen situaciones en que la idea de validar puede parecer absurda; no obstante, incluso entonces es cuando la validación cura y conecta. Por ejemplo, el niño puede expresar el deseo "Ojalá mi hermana estuviera muerta. La mataría por esto". Podemos vernos abrumados por la preocupación de que la amenaza pueda ser algo real o de que el niño emplee un lenguaje tan violento. Al tener miedo, es probable que neguemos los sentimientos del niño. Pero negar, criticar o castigar al niño que expresa estas emociones intensas y fantasías violentas le hará enterrar su dolor y sentir desesperación ante su soledad, lo cual prepara el terreno para que emerjan comportamientos agresivos. Efectivamente, sentirse solo y sin la seguridad para expresar estas emociones es una de las causas de la violencia. Escuchar este malestar resulta más fácil si se recuerda que sólo se trata de la expresión de un sentimiento.

Validar los sentimientos violentos no significa estar de acuerdo con las fantasías expresadas como algo que deba llevarse a cabo. Si se apoya la expresión de emociones negativas, las acciones violentas se descartan como algo plausible y es más probable que surja la amabilidad. Como con la A de A.P.E.G.O. en su caso, el niño también necesita dar rienda suelta a su monólogo interior; pero a diferencia de usted, él no puede hacerlo en silencio ni solo. Proporciónele la escucha para que pueda desatar el drama. Puede decirle: "Te comprendo. Estás tan enfadado con Katie que te gustaría poder librarte de ella. Sé lo que es estar tan enfadado con alguien". Puede usted incluso explicar que estos sentimientos y fantasías son comunes y compartir sus experiencias: "Recuerdo haber deseado que mi hermano se cayera de un acantilado". Al ofrecer sus recuerdos, no se recree en ellos (a menos que el niño se lo pida). Se trata de centrarse en el niño, no en usted; su recuerdo es sólo una manera de validar los sentimientos de su hijo.

Al permitir al niño que sienta y exprese emociones violentas, y al confirmar que todo el mundo experimenta emociones violentas ocasionalmente, el niño puede liberar su dolor y es probable que entre en contacto con los sentimientos que provocan su rabia sin añadir la carga de la culpa.

El odio, como la ira, es una función de la mente que elabora una historia de culpa; alguien ha hecho algo a otra persona. Formule preguntas validadoras para ayudar al niño a reconocer y ser dueño de sus propios sentimientos y abandonar su historia de víctima desechando los pensamientos que le despojan de su poder. Culpabilizar es siempre una acción relacionada con el pasado, lo cual desarma al niño porque no puede hacer nada al respecto. No tiene poder alguno sobre su hermana ni sobre lo que ella ha hecho, pero sí puede tener poder sobre sus sentimientos y acciones del presente. El niño aprende a distinguir entre la historia de culpabilidad y su fuerza personal.

El niño puede asustarse y sentirse culpable a causa de sus propias fantasías violentas. Necesita saber que estas fantasías son algo normal y no afectan el amor que usted siente por él. En ocasiones, el niño necesita expresarse de diversas maneras; un niño pequeño puede representar acciones con muñecas, un niño mayor puede representar él mismo las acciones o dibujarlas, y un adolescente puede querer hablar o escribir, correr o hacer música. Al aceptar la expresión de los sentimientos intensos sin llevar a cabo ninguna acción, aprendemos a vivir con intimidad, vulnerabilidad y la capacidad de amar y ser responsables de nuestras emociones y elecciones.

Al hablar del deseo de ver desaparecer a un hermano, se da voz a la intensidad del sentimiento del niño y no suele indicar la intención de hacerle daño. La violencia real ocurre cuando los niños están oprimidos y cuando tras años de no poder ser ellos mismos se resignan y son incapaces de sentirse conectados. Pueden parecer apacibles por fuera e incluso llevar bien los estudios; pero al vivir una vida dirigida por los adultos, se sienten deprimidos, emocionalmente aislados y convencidos de que nadie puede oírles ni importan a nadie. Este aislamiento y dolor les deja indefensos hasta la desesperación.

Las formas normales de rivalidad entre hermanos no son expresiones de este tipo de desesperación y los niños no pretenden provocar daño real. Si no está seguro de si las expresiones de odio y violencia de su hijo están dentro de lo que se considera sano, debería buscar ayuda. La mayoría de niños agresivos con los que me he encontrado a lo largo de mis años de experiencia responden extremadamente bien a las sesiones de orientación que les devuelven su dignidad así como su fuerza emocional.

Para el niño cuya vida fluye sin impedimentos, el odio es sólo otro sentimiento que expresa, y luego sigue adelante. Es el odio *no expresado* el que conduce al niño a la agresividad, los insultos o el malestar, mientras que la exteriorización de los sentimientos intensos evita estos resultados. La siguiente historia sobre un adolescente en un momento de odio ilustra el poder de la expresión de los sentimientos para reconstruir el puente del cariño:

> *Jay, de once años, empezó su sesión de terapia expresando un odio profundo por su hermana, de nueve años. Habló de sus fantasías violentas y juró no relacionarse nunca con ella. De hecho, quería marcharse de casa porque no podía soportar vivir en la misma casa que ella. Pasó más de media hora maldiciendo y gritando, dibujando escenas de su muerte, deseando haber sido hijo único y finalmente llorando. Expresó su desengaño porque sus padres le habían "arruinado la vida" al tener a su hermana. Pensaba que si le querían, deberían deshacerse de ella.*
>
> *Entonces Jay empezó a hablar de las cualidades intolerables de su hermana, como querer ser siempre la primera, afirmar que ella hace mejor las cosas o enfadarse cuando está perdiendo.*
>
> *Cuando acabó de hablar, pedí a Jay que se concentrara en sus propios sentimientos. "¿Cómo te sientes y cómo actúas cuando tienes estos pensamientos sobre tu hermana y nada cambia?"*
>
> *"Enfadado, lleno de odio y resentido", dijo.*
>
> *"¿Qué quieres para ti?", pregunté.*
>
> *"Nada", dijo, "o estar lejos de mi hermana. Me siento ofendido cuando la tengo cerca, llamando la atención y portándose como una princesa".*
>
> *"¿Cómo te sentirías sin este pensamiento?", pregunté.*

Jay me miró incrédulo. "¿Sin el pensamiento sobre mi hermana? Bueno, sería fantástico", dijo. "Me sentiría libre y feliz y no me importaría la manera de ser de mi hermana."

"¿Y te gustaría?"

"¡Sí!" Se echó a reír, "Creo que me monto un buen drama con mi hermana".

"¿Te gustaría sentirte libre del pensamiento sobre tu hermana?"

"No. Quiero odiarla", dijo. Entonces, sorprendido por sus propias palabras dijo: "Qué raro, ¿no? ¿Por qué quiero sufrir así?".

"Debe de recompensarte de alguna manera."

Jay calló.

"¿Cuál es la recompensa por el resentimiento y la culpa hacia tu hermana?", pregunté.

"Me veo mejor que ella", dijo, "y tal vez controlo a mis padres."

En este punto, Jay se vio como autor de sus percepciones y sentimientos. Empezó a empatizar con su hermana y, profundamente entristecido, describió lo que creía que ella veía. "Debe de sentirse fatal con un hermano como yo, por eso intenta ser mejor", dijo. Su cariño por su hermana se volvió tan fuerte como su odio inicial. Entonces, libre para centrarse en sus propias aspiraciones, Jay pasó el resto de la sesión haciendo nuevos planes para sí mismo.

No hay soluciones definitivas; debemos aceptar los ciclos de las relaciones y ocuparnos de ellas cuando lo pidan. Por el momento, Jay fue capaz de empatizar y ver el punto de vista de su hermana. Con el paso del tiempo, siguió enfadándose con ella, expresando sus sentimientos, sintiéndose en conexión y feliz y luego enfadándose de nuevo. Cuando, con cada ciclo de malos sentimientos, el niño se expresa enteramente, recupera el poder de elegir en lugar de reaccionar a partir de las viejas historias mentales. Es dueño de sus percepciones en lugar de ser una víctima. Durante el proceso, nos proporciona información sobre las necesidades de ambos niños de modo que podemos cuidarles mejor.

Resulta fácil esperar una solución. Sin embargo, no podemos asumir que siempre que nuestros hijos se sientan seguros para expresar su veneno, este se disipe. Si esperamos resultados, perderemos la oportunidad de escuchar y conectar con el niño. Por ejemplo, en ocasiones, el niño se negará a jugar con su hermano o un amigo incluso tras haber expresado sus sentimientos. Entonces los padres se apresuran para generar una "solución" y dicen: "Bueno, ahora ya has sacado lo que tenías dentro, perdonaos y seguid jugando". Esto es lo que ocurrió cuando Sylvia se negó a jugar al Monopoly® con su primo.

> *Sylvia, de ocho años, estaba enfadada con su primo, Timmy, porque le había cogido la bici sin permiso. Su madre la escuchó y validó sus sentimientos y en cuanto Timmy volvió de su paseo, su padre guardó la bici para que nadie volviera a cogerla sin el permiso de Sylvia. Timmy se disculpó por haber desaparecido con la bici sin decir nada y prometió no volver a hacerlo.*
>
> *Cuando Timmy invitó a Sylvia a jugar al Monopoly®, al cabo de un rato, ella se negó y le sacó la lengua. "Ahora tenéis que hacer las paces", dijo su padre. "Te hemos escuchado y él se ha disculpado. Vamos, juega con él." Pero cuanto más espera-*

ban sus padres una solución, más se negaba Sylvia. No estaba preparada para dejar atrás el incidente. Finalmente, sus padres se encogieron de hombros y la dejaron en paz. Sylvia se fue a su habitación satisfecha por haber impedido que su primo jugara al Monopoly®. Al cabo de cinco minutos le invitó a tumbarse en su hamaca.

Los niños, como los adultos, deben ser los autores de sus elecciones. Esperar que su hijo se libere de la necesidad mental de saberse con la razón es más de lo que la mayoría de nosotros somos capaces de ejemplificar. Por lo tanto, el objetivo no consiste en solucionar la disputa ni borrar los sentimientos, sino en escuchar al niño y permitirle que tome sus decisiones de forma auténtica y con dignidad.

Mientras siente odio, el peor miedo del niño es ser una mala persona y pensar que si usted supiera lo que está imaginando dejaría de quererle. Por eso, cuando se siente seguro para expresar sus sentimientos de odio contando con su cariño, es cuando usted ha logrado su objetivo. Él podrá expresarse y usted podrá quedarse tranquilo al saber que los canales de comunicación entre ambos siguen abiertos. Con el tiempo, el niño irá distanciándose del odio al reconocer que él es la fuente de los pensamientos que encienden sus emociones. Tal vez incluso aprenda a distinguir entre su voz mental y su verdadera persona y conseguir la paz y libertad verdaderas.

ODIO HACIA LOS PADRES

Las palabras de odio pueden dirigirse no sólo a los hermanos sino también a los padres. Como seres humanos, cometemos errores que violan la dignidad de nuestros hijos. Al hacerlo –interrumpirles, imponernos, controlarles o menospreciarles– y cuando el niño expresa su odio hacia nosotros, podemos escucharle, validar y luego reconocer nuestros errores para que el niño se sienta seguro. Aunque el odio del niño sea el resultado de las medidas de seguridad impuestas por los padres, su dignidad se ve dañada. Validar sus sentimientos y reconocer lo que hemos hecho (aunque sea inevitable), disipará los malos sentimientos.

Un niño pequeño que aún no hable se sentirá validado cuando su odio se reconozca con una descripción de los hechos: "Mamá no ha comprado los caramelos que querías. ¡Qué asco!"; "¡Ay! ¿Te he asustado con mis gritos?"; o "No te ha gustado que esa mujer metiera su cabeza en el cochecito, ¿eh?".

El niño se sentirá tranquilizado al saber que es usted consciente de sus sentimientos y que le quiere igual. Al ir aprendiendo a hablar, los diálogos enriquecerán su comprensión de la personalidad del niño.

Cuando el odio de un niño se dirige a nosotros, validar sus sentimientos puede resultar complicado a causa de nuestra reacción personal. Pero cuando nos ocupamos de nuestras propias emociones a parte, podemos ofrecer al niño nuestro cariño cuando más lo necesita. He aquí un ejemplo de la fórmula A.P.E.G.O. en acción cuando un padre es "atacado" por su hijo.

> *Lea, de cinco años, no dejaba de decir "Te odio, mamá", y Betty, su madre estaba triste y preocupada. Al principio, las emociones defensivas de Betty se entrometieron e intentó detener la expresión de Lea. Cuando Lea siguió expresándose, Betty acudió a una sesión de orientación, tras la cual se sintió capaz de comprender a su hija.*

La próxima vez que Lea dijo: "Te odio", Betty respondió: "Vaya, esto es doloroso. Me gusta que me lo digas porque quiero saber lo que sientes". Entonces preguntó: "Explícame tu odio hacia mí".

Lea miró a su madre con enfado y dijo: "Has hecho mal el desayuno y luego me has gritado porque iba lenta".

"¿Querías galletas en lugar de huevos?"

"Sí."

"¿Y querías seguir vistiendo a tu muñeca cuando te he dicho que te arreglaras para irnos?"

"No me grites y ya está."

"Entiendo cómo te sientes. Estoy contenta de que me lo expliques. A mí también me gusta ir con calma aunque tenga prisa. ¿Crees que siempre puedo hacerlo?"

Lea pensó y contestó: "No, no puedes. No pasa nada, pero las galletas..."

"Sí, te gustaría elegir lo que comes; puedo dejarte elegir la mayoría de las veces."

Lea asintió, con satisfacción.

Entonces Betty añadió: "Debe de ser doloroso odiarme".

"No, mamá. Sólo es odioso."

Al ser consciente de los sentimientos de Lea, Betty ha podido eliminar algunas de las situaciones frustrantes para ella, pero no todas. Valida los sentimientos de odio de Lea cuando es necesario. Al cabo de dos días, Lea dijo: "Mamá, te quiero y me quiero. Cuando digo que te odio no es cierto; sólo quiero que hagas lo que yo quiero". Sonrió y Betty también.

"¿Sabes que te quiero?", preguntó Betty.

"Sí, aunque te odie; pero no te odio", y abrazó a su madre.

Lea había acumulado pensamientos de odio antes de recibir la validación de su madre, pero si los sentimientos ocasionales de odio se reconocen al surgir, los niños se libran de ellos rápidamente. Además, las palabras de odio no suelen llevar el mismo significado que llevan para los adultos:

Terry pidió a su madre que le leyera un cuento. "Recojo el juego de ajedrez del suelo y luego te leo", dijo la madre.

"No, mamá", gimió Terry. "Léeme ahora."

"Ya sé que quieres que te lea ahora mismo. Iré deprisa", dijo ella.

Terry golpeó el suelo con los pies y dijo: "Te odio".

"Sí, lo sé", dijo su madre mientras terminaba de recoger el ajedrez.

Después de leer, el padre llamó a la familia a almorzar.

"Quiero que mamá me prepare un bocadillo", dijo Terry.

"Creía que la odiabas", dijo el padre.

"Esto era antes", respondió Terry.

Cuando el niño muestre señales de resentimiento hacia usted, anímele a expresarse directamente. Recuerde que el odio es la expresión externa de otras emociones y que los sentimientos de odio del niño tienen que ver con él mismo, aunque su contenido esté relacionado con usted. Puede descubrir cosas sobre usted mismo a partir de lo que expresa el niño, pero el problema no es usted. Si se pone a la defensiva, vuelva a centrarse en el niño. En lugar de insistir y decir que en realidad le quiere, tranquilícele escuchándole y comprendiendo su punto de vista. El niño comprenderá que el odio no cambia el amor que siente usted por él. En su conexión íntima, su hijo puede incluso llegar a distinguir entre la persona que es realmente y los dramas de su mente.

AYUDAR SIN ASUSTAR

En ocasiones, nuestra reacción emocionalmente cargada puede asustar al niño. Esto ocurre cuando el niño hace algo peligroso o cuando nos tomamos sus palabras o acciones como algo personal. Recuerde que las acciones del niño no están dirigidas a usted. No pretende molestarle ni complicarle la vida, sino simplemente cuidar de él. Al lastimar a alguien o dañar algo, el niño expresa una necesidad y un sentimiento; si actúa peligrosamente, lo hace inocentemente, a pesar de las veces que se lo haya repetido. (¿Cuántas veces tienen que repetirnos algo a los adultos para que lo hagamos sin pensar?)

Nada de lo que diga o haga su hijo merece su ira, juicio ni privación de cariño. Incluso cuando impide que se haga daño o lo haga a otra persona, sus acciones o palabras pueden ser cariñosas. Cuando le detiene con una expresión de cariño, el niño percibirá que está de su parte y no le temerá. Por ejemplo, al gritar "Deja de quitarle la muñeca ahora mismo" asustará al niño y le hará sentir despreciable. Si en lugar de ello, utiliza usted frases de validación como "Quieres jugar con la muñeca pero Ruth está jugando con ella", y ofrece al niño su atención y/o una solución, percibirá que le quiere y que le valora.

Cuando se asusta al niño, él no percibe que se esté de su parte, sino que se le persigue. Por tanto, nos temerá y tenderá a ir en contra de nosotros. Incluso al actuar bruscamente para salvarle de un peligro, hay que validar el miedo que puede haber sentido y encontrar una manera de satisfacer la necesidad que ha provocado su acción peligrosa. Cuando asuste al niño, comuníquele sus sentimientos y ofrézcale una solución en lugar de una lección.

> *Al entrar en la habitación de juegos, Dana ahogó un grito al ver a su hijo Sean sentado en el alféizar de la ventana. Estaban en un cuarto piso, y aunque la ventana estaba cerrada, ella temió que se acostumbrara a sentarse allí también cuando estuviera abierta.*
>
> *Dana se controló; cogió un taburete y lo colocó al pie de la ventana.*
>
> *"Te gusta mirar a la calle", dijo. "Ven. Ponte de pie sobre el taburete y mira sin peligro." Ayudó al niño a bajar y le besó. Entonces añadió: "Sean, cuando te he visto sentado en la repisa de la ventana me he asustado mucho".*
>
> *El niño la miró y dijo: "No voy a caerme, mamá".*
>
> *"Lo sé, pero aún así me asusto. Dejaré el taburete aquí para que lo uses. ¿Prometes usarlo cuando quieras mirar a la calle y no subirte a la ventana?"*
>
> *"Sí, desde aquí se ve igual de bien."*
>
> *"Gracias, Sean", dijo una Dana tranquila.*

Dana ya había pedido a su hijo que no se sentara en la ventana. Podría haber recurrido fácilmente al viejo e inútil "¿Cuántas veces tengo que decirte...?". En lugar de ello, ofreció una solución al niño a la vez que compartió sus sentimientos sin culparle. No dijo "Me has asustado", sino "Me he asustado". Incluso validó su sensación de seguridad, aunque le pidió algo para satisfacer su propia necesidad. Cuando se está conectado con los propios sentimientos y cuando no se culpa ni se riñe al niño, este responde fácilmente a nuestras peticiones. Si su hijo confía en usted y sabe que siempre está de su parte, responderá como uno responde ante su aliado, y con el tiempo, el niño aprenderá a tratar a los demás del mismo modo.

Capítulo 5

Autonomía y poder

Lo que necesitan los niños son padres que colaboren

Los niños con frecuencia se sienten indefensos porque son pequeños e inexpertos y viven en un mundo grande y rápido –con máquinas que no pueden tocar, personas mayores y animales que les atemorizan, lugares donde no pueden ir solos, alturas que no alcanzan, cosas para las que necesitan ayuda, acontecimientos temibles y velocidades inalcanzables–. Muchas de sus preocupaciones surgen de su sentimiento de indefensión.

Los niños necesitan saber que tienen el poder de generar respuestas a sus necesidades. A diferencia de los adultos, no están preparados para renunciar a lo que quieren en el presente pensando en el futuro. Necesitan saber que las personas que les rodean se toman sus preferencias en serio inmediatamente. Como con otras privaciones emocionales, un niño que se enfrenta a la sensación de indefensión o que se ve privado del control de su vida puede volverse furioso, agresivo o deprimido.

Aunque no se puede eliminar la sensación de indefensión del niño, se pueden mejorar espectacularmente sus probabilidades de experimentar la autonomía y la fuerza personal. El niño pequeño y el bebé pueden modificar su entorno mediante los padres, y necesitan que los padres sigan siendo su fuerza para conseguir lo que no tienen al alcance. En ocasiones, esto implica hacer algo por ellos, pero con mayor frecuencia significa quitarse de en medio y procurarles un camino seguro y enriquecedor. Al proporcionarles un entorno físico y social seguro y sano, se puede eliminar la necesidad de restringir o dirigir sus vidas. El niño puede elegir y liderar sus actividades, alimentos, horarios e intereses dentro del entorno seguro creado por los padres.

Los niños a menudo se sienten indefensos y a merced de los adultos que les cuidan, a pesar de las buenas intenciones de sus padres. Las interrupciones porque el teléfono suena cuando juegan con los padres les provocan la ignominia de quedar a la espera mientras papá o mamá habla con terceras personas. A veces soportan el insulto de recibir órdenes, callar y satisfacer las necesidades de los adultos cuando sus propias necesidades no se respetan sistemáticamente. Por ejemplo, suelen ser criticados por interrumpir a los adultos; aunque muchos adultos interrumpen a los niños y se ponen a hablar por los codos. Estar a merced de cada acontecimiento o decisión arbitraria es una realidad para más de un niño en nuestra cultura.

Existen formas de desautorizar al niño sin siquiera darse cuenta. A menudo planificamos la vida sin dar al niño derecho a voto, aunque nuestras decisiones vayan a afectarle. Incluir a los niños en nuestra vida, como se hace en una tribu, probablemente no interesará al pequeño a menos que seamos granjeros o participemos en otras actividades físicas participativas. Observar a mamá mientras escribe, lee o archiva facturas no tiene interés ni supone una oportunidad de participación. El contenido del libro puede ser emocionante, pero el niño sólo ve a su madre mirando un libro.

Un ejemplo común consiste en llevarse al niño cuando se sale a hacer los recados. El niño desea seguir haciendo lo que esté haciendo; pero se le interrumpe, se le ata a la silla del coche y se le lleva de un lado a otro sin objetivo por su parte. Se supone que es una persona "madura" que acompaña al adulto en su camino. A nosotros no nos gustaría ser tratados así, y no le pediríamos a un amigo que nos siguiera mientras hacemos nuestros encargos. Un niño pequeño no tiene idea de que nuestros recados le beneficiarán; un niño mayor puede comprenderlo pero seguirá poco interesado en tomar parte. Para un niño, la mayoría de encargos son aburridos, un cúmulo de períodos de espera y luego inmovilización en el coche.

Aunque el niño pequeño puede divertirse haciendo la compra, a medida que se hace mayor sólo le divertirá si recibe un juguete o unos caramelos, lo cual puede ser la causa de más frustración. Aquí, también, la experiencia humana ha cambiado de recoger los alimentos en el campo o en una tienda pequeña a comprar en un sobreestimulante y seductor supermercado, que deja al niño frustrado. Algunos padres consiguen que el niño se divierta con la compra; pero para la mayoría, suele ser una batalla.

Para evitar esta situación o minimizarla, realice la mayoría de sus encargos cuando su pareja u otra persona puedan quedarse con los niños. Cuando el niño es pequeño y necesita a la madre físicamente, el padre puede hacer las compras; las familias monoparentales necesitarán la colaboración de amigos o familiares. De este modo, no habrá que arrastrar al pequeño y alejarle de sus intereses. Otra solución consiste en organizar la salida orientándola hacia los intereses del niño: vayan al parque, a la playa o a casa de la abuela y hagan un solo encargo de camino. Muchos niños estresados se calman simplemente reduciendo las salidas.

Los padres a veces se preguntan por qué sus hijos no maduran, como antes, observando la vida de los adultos e integrándose a medida que se sienten preparados. Esto puede ocurrir cuando los adultos comparten una vida natural y activa. Cuando la comunidad trabaja unida, como en el campo, el niño puede seguir con interés la actividad o jugar libremente. Nuestras vidas modernas a menudo no se desarrollan en este tipo de comunidad, seguridad ni libertad. Tal vez lo quisiéramos, pero lamentarnos por los cambios ocurridos no resulta útil para celebrar el presente. La vida es cambio constante, y debemos adoptar e inventar nuevas formas de crecer continuamente.

Nos queda incluir al niño en lo que hagamos, como lavar los platos, trabajar en el jardín y cocinar. No obstante, cuando lo que hacemos no implica acción física, y cuando nuestras actividades impiden al niño hacer lo que él necesita, se sentirá impotente y frustrado. Las necesidades del ser humano no pueden satisfacerse ahogando las de otro, al menos no sin pagar un precio por ello. Además, gran parte de lo que hacemos en nuestro hogar y jardín no es algo en lo que el niño se centrará cuando crezca. Necesita realizar actividades intelectuales que le sirvan para practicar habilidades que le interesen y que favorezcan su desarrollo.

Otra ruta hacia la impotencia es la tendencia de algunos padres de esperar que el niño logre determinadas cosas, se comporte, aprenda, se interese o socialice en base a unas "normas" en lugar de hacerlo según las inclinaciones del pequeño. Por ejemplo, los padres me llaman a menudo intranquilos por el comportamiento de su hijo cuando está con sus compañeros o por problemas cuando están en lugares públicos como los restaurantes. Cuando les recomiendo que eviten ir al parque con el niño y eviten situaciones que el pequeño no sea capaz de manejar, los padres me comentan su preocupación por las necesidades sociales de su hijo. Pero, un niño que se pasa la tarde peleándose con otros niños no ve satisfechas sus necesidades. En lugar de pasárselo bien, experimenta fracaso en su relación con los demás y fracaso al no complacer a sus padres, y se siente impotente ante la situación. ¿Volvería a salir usted con un grupo de amigos con los que no se lleva bien? Como un adulto, el niño que no disfruta en un entorno social determinado necesita otro, o tal vez tenga suficiente socializando con sus padres.

Muchos niños no saben sentarse quietos en un restaurante. Si su hijo tiene la oportunidad de utilizar su energía durante un rato, es posible que pueda sentarse después. Si no, el restaurante no es un lugar que respete sus necesidades. Cuando imponemos nuestros deseos al niño sólo porque tenemos el poder para hacerlo, se puede sentir impotente y, con el tiempo, resentido. En lugar de mirar la televisión o escuchar a la abuela, observen y escuchen a su hijo, independientemente de las demás opiniones. Está creciendo, cosa que no hacen los que le dan consejo. Él es el experto en sus propias necesidades.

La tendencia de forjarse expectativas puede hacer sentir impotencia al niño, incluso cuando las aspiraciones no se expresen abiertamente. Por ejemplo, podemos dar por sentado, aunque sea sutilmente, que hay que compartir las cosas, que el niño debe empezar a usar el inodoro, que debe estar quieto, comprender las situaciones, ser agradecido o mostrarse educado. El niño puede sentirse indefenso e inadecuado cuando es incapaz de satisfacer nuestras aspiraciones, o cuando es capaz pero no siente inclinación por hacerlo por voluntad propia. Puede expresar el deseo de ser siempre un bebé para escapar de la carga de expectativas; puede refunfuñar o puede hacer lo que le pedimos sólo para conseguir nuestra aprobación o para librarse de nosotros, siempre sintiéndose impotente.

Otra forma de quitar poder a los niños consiste en negar sus elecciones personales. Si selecciona el instrumento que el niño debe aprender a tocar, el deporte que debe practicar, las excursiones y actividades, la hora a la que debe comer o la ropa que debe ponerse, sin darse cuenta le quita la experiencia de llevar su propia vida. Con estas experiencias, su sentido de impotencia puede incluso conducirle a la rebelión y la agresividad o a la obediencia insana y la depresión.

Al dejar de someter la agenda de su hijo a la suya propia y al proporcionarle el poder de generar su propia vida, es posible que deba usted proteger la libertad del niño. Adaptamos la casa para hacerla físicamente segura para el bebé y permitir que el niño pequeño tenga libertad para moverse por la casa. Del mismo modo, podemos adaptar el entorno a mayor escala, incluidos los medios de comunicación, los alimentos, los juguetes y el círculo social con que se relaciona el niño.

La libertad del niño depende de nuestra capacidad para dar seguridad a su entorno sin tener que controlarle. Pasar el día en un entorno natural evita que tengamos que restringir el juego del niño, como tendríamos que hacer si estamos en la calle. Si socializa con las personas que le gustan, el niño puede jugar independientemente y sin precisar nuestra intervención.

El grado hasta el cual protegemos el entorno del niño es cuestión del estilo de vida que llevemos y de nuestras preferencias como padres. Cada padre controla el entorno hasta cierto punto. La mayoría protege a sus hijos de la exposición a las armas, drogas, algunas noticias que muestran brutalidad y tal vez del tabaco, el alcohol, el café, etcétera. No se tienen estos artículos en el hogar y se controla al niño prohibiéndole que los toque, sino que no se expone al niño a ellos.

La sensación de autonomía y poder del niño no representa poder acceder a todo lo disponible en la sociedad, sino que se trata de una libertad diaria en el hogar y en su entorno social. Por ejemplo, si lleva usted al niño a una tienda de caramelos y luego le prohíbe comérselos, se sentirá resentido e impotente. Si no va usted a la tienda y le proporciona golosinas sanas en casa, el niño se sentirá autónomo y contento. Usted debe proporcionar liderazgo en cuanto a la dirección de la vida familiar para que el niño pueda confiar en sí mismo. Cuando se haga mayor, se expondrá cada vez a más cosas; si se siente seguro, sus elecciones no se basarán en las presiones sociales sino en sus auténticas preferencias y valores.

Si su relación con su hijo es de confianza en lugar de control, él se tomará su orientación y sabiduría en serio, porque sabe que está usted de su parte. Esta confianza le resultará útil cuando intervenga en la comunidad y la sociedad a la larga. En lugar de estar resentido porque usted le controla y le niega, el niño buscará su consejo de aliado.

Como vimos en el capítulo anterior, algunos padres expresan preocupación si su hijo no está controlado porque creen que se aprovechará de ellos. Recuerde que cuando el niño no vive con el miedo de que le quiten su poder (le controlen, le coaccionen, le dirijan), no tiene necesidad alguna de "aprovecharse" de nadie. Su deseo es cuidar de sí mismo, y si se respeta, es feliz. Un niño feliz está demasiado ocupado para preocuparse con estrategias negativas.

ACABAR CON LA AGRESIVIDAD DEL NIÑO

Los niños con frecuencia recurren a la agresión cuando sienten una sobrecarga de impotencia. No importa cuantas veces lo intentemos, ser humano implica sentirse impotente. Cuando existe equilibrio y se expresan los sentimientos, sentirse impotente forma parte natural y útil de nuestra existencia. Cuando no hay equilibrio y no se reconoce ni se expresa esta sensación, la impotencia recurrente puede provocar ira, agresividad y, por otro lado, resignación y depresión. Por tanto, debemos no sólo evitar quitarle el poder al niño, sino también proporcionarle formas de expresar la impotencia y de experimentar su poder.

La forma más patente que tiene el niño de expresar impotencia es negando y violando las necesidades de los demás. No obstante, cuando los padres apoyan la expresión de la impotencia, el niño encuentra formas creativas y lúdicas de regenerar su sensación de poder. Un padre me pidió consejo porque su hijo de tres años tiraba papel por todo el suelo de la cocina. Después de la sesión, su inclinación a detener la acción de su hijo cambió:

> *Desde que la familia se había trasladado a otra zona de la ciudad, Chris, de tres años, presentaba señales de estrés. Estaba malhumorado y lloriqueaba constantemente por cosas insignificantes. Un día entró en la cocina y empezó a vaciar el papel y los envases de los contenedores de reciclaje y a esparcirlos por el suelo. Al ver el desorden, su padre reaccionó con un dramático "¡Oh, no!" que pareció proporcionar a Chris la sensación de poder que buscaba: "Ahá, lo tengo".*
>
> *El padre recogió el papel y los envases y los metió de nuevo en los contenedores de modo que Chris pudo repetir una y otra vez su "terapia". Cada vez que Chris esparcía los envases, su padre respondía con un "¡Oh, no!" más exagerado, seguido de un simpático "Voy a recoger todo esto", y luego un "Por favor, no vuelvas a vaciar los cubos". El juego aca-*

baba con el reciclaje esparcido por el suelo de la cocina y el padre "rindiéndose" por agotamiento.

Durante un par de meses, Chris siguió iniciando este juego y cada vez su padre se exclamaba dramáticamente y recogía el desorden que el niño volvía a esparcir en medio de grandes risas. En todo momento, el padre respetó la necesidad de su hijo de jugar este juego para obtener cierta sensación de poder y autonomía. Un día, Chris dejó de vaciar los cubos del reciclaje y no volvió a hacerlo nunca más. Su irritabilidad y comportamientos inquietantes disminuyeron y pareció contento con la nueva casa.

Muchos padres intuitivamente otorgan poder a sus hijos de forma similar porque les respetan y desean participar en su juego. Por ejemplo, cuando el niño se escapa cuando su padre intenta abrocharle el pijama, el padre se une al juego y persigue a su hijo teatralmente. Aunque este juego pueda parecerle largo y agotador al padre, al final el niño quedará satisfecho porque su necesidad de sentirse poderoso queda cubierta.

Es crucial no quitarle el poder al niño. Si usted da el juego por acabado o intenta controlar su dirección, robará el poder al niño, que quedará impotente de nuevo. Esto elimina muchos de los beneficios emocionales del juego para el niño, y la interrupción conducirá a una batalla, con lo cual se tardará más en sanar la ira provocada de lo que se hubiera tardado en continuar el juego hasta que el niño decidiera terminarlo. Por otro lado, un largo juego de diversión y poder deja a todos felices y con la sensación de estar conectados.

Aunque para Chris hubo resultados observables, con frecuencia los padres no los ven tan claramente. Es crucial no desarrollar expectativas de cambios en el comportamiento. La mayor parte de beneficios emocionales no presentan una manifestación inmediatamente visible, sino que se revelan gradualmente o inesperadamente. A menudo los padres se dan cuenta al cabo de unos meses de que algún comportamiento difícil ha desaparecido en el niño. Además, nunca se sabe qué se ha podido evitar. Los padres pueden percibir una satisfacción general y otras mejoras. Debemos confiar en el niño para que inicie estos juegos y se beneficie de ellos. Si bien sabe que se trata de un juego, el niño se beneficia de la teatralidad como si fuera algo real. En el siguiente ejemplo el niño consigue sensación de poder.

> *Una noche, Kirk colgó su camisa en el pomo de la puerta y fue al baño antes de acostarse. Al volver, su camisa no estaba. Melanie, su hija de tres años, estaba ante la puerta con una sonrisa de regocijo. "Oh, no. ¿Dónde está mi camisa?", dijo Kirk, fingiendo sorpresa, mientras Melanie reía alegremente.*
>
> *Y así empezó un ritual diario. Cada noche Kirk colgaba la camisa en el mismo pomo y se lo hacía saber a su hija "Mi camisa está en el pomo, no la escondas...", y Melanie respondía a la invitación, escondía la camisa de su padre y esperaba emocionada a que él descubriera la pérdida. Así ocurrió hasta que, al cabo de unos meses, Melanie tuvo suficiente, ya que su necesidad de recuperar su sensación de poder estaba satisfecha para entonces.*

No debe usted preocuparse de que su hijo aproveche estos juegos y los convierta en licencia para molestar o desordenar las cosas. Al contrario, los niños son muy claros y saben distinguir entre el juego y la realidad. Apoyarles en su necesidad de jugar estos juegos les permite dar salida a sus emociones acumuladas y evita expresiones de poder dañinas.

Si necesita usted controlar a su hijo, es muy probable que haya experimentado usted demasiada impotencia a lo largo de su vida. Con estos juegos, puede usted también experimentar su curación. La necesidad de controlar está fuera de su control, pero la opción de actuar o no actuar puede ser suya. Una vez vea la necesidad de controlar como la debilidad que es, podrá sentir el poder de no rendirse a ella. Se requiere fuerza emocional para fluir con el niño y no ceder a los propios impulsos. El relacionarnos con los niños, el poder nos viene de dejarnos llevar no de aferrarnos a nuestras reacciones.

Los juegos de poder, como los descritos más arriba, tienen muchas caras y como padres debemos estar atentos y preparados para detectarlos y unirnos a ellos. Resulta fácil decir al niño que pare; pero la mayoría de las veces, cuando diríamos "Basta", el niño está iniciando un juego creativo. Puede tratarse de chafar el tofu, decir palabras relacionadas con el uso del baño, o echar por el suelo las piezas del Lego® justo cuando acabamos de recogerlas. Estas invitaciones al juego del poder precisan padres que cooperen y digan "Sí" cuando su cabeza quiere decir "No". En lugar de decir que el niño no se porta bien, piense que es usted un actor de su obra (y lo es) y acepte la invitación. En nuestra casa, cuando un adulto no responde al juego del niño, le etiquetamos como "demasiado serio" o "adulto aburrido". El niño percibe a este adulto reservado como un obstáculo para su juego creativo o terapéutico.

Si aprendemos a tomarnos menos en serio nuestros propios pensamientos, nuestros hijos aprenderán a hacer lo mismo. No tenemos que obedecer nuestros pensamientos negadores. Pero sí podemos fluir con lo que el niño nos proponga. Al hacerlo, la vida será más apacible y enriquecedora. O bien luchamos contra las inclinaciones del niño o bien nos unimos a él con placer. He aquí otro ejemplo de un juego de poder en que la acción del niño puede ser rechazada o su invitación aceptada, permitiéndole sentir que tiene poder:

> *Cuando Alex tenía unos cinco años, su familia vivía en el campo en una casa que no tenía llave. La puerta de cristal de la entrada sólo podía cerrarse por dentro con un pestillo.*
>
> *Un día, la familia llegaba con las bolsas de la compra a casa y Alex se adelantó a sus padres y hermana, entró en la casa y echó el pestillo. Sus padres vieron brillar de emoción sus bonitos ojazos tras la puerta de cristal.*
>
> *"¡Oh, no!", exclamaron sus padres casi al unísono. "¿Qué vamos a hacer ahora?" Dejaron las bolsas en el suelo y suplicaron: "Por favor, por favor, déjanos entrar, la comida se estropeará". Su hermana mayor se unió a la escena teatral de sus padres.*
>
> *Alex reía encantado. Sabía que sus padres estaban jugando y le satisfacía. Pasado un minuto sus padres intensificaron sus súplicas con "¿Dónde vamos a dormir? Pasaremos frío. Oh, no. ¿Qué vamos a hacer?". Empezaron a elegir lugares para dormir y a actuar con frustración ante las incomodidades que les esperaban.*
>
> *Se arrodillaron ante la puerta de nuevo y suplicaron que les dejara entrar. Al cabo de un par de minutos, Alex abrió la puerta con una sonrisa victoriosa en la cara. Sus padres y hermana entraron, expresando su gratitud y bendiciendo el afortunado día en que Alex el magnánimo les dejó entrar.*

Este juego tuvo lugar sólo un par de veces. Después, Alex nunca lo repitió ni ha encerrado nunca a nadie fuera. Su necesidad quedó satisfecha.

La declaración "¡Oh, no!" expresada dramáticamente y en tono lúdico puede señalar la participación en el juego: cuando el tofu ha quedado espachurrado en el plato, puede exclamar: "¡Oh, no! ¡Qué porquería!". Cuando el niño hace ruido con los cubiertos, tápese los oídos y diga: "¡Oh, no! ¡Qué escándalo!". Cuando recoja las piezas de Lego® por cuarta vez y el niño vuelva a echarlas por el suelo, exclame: "¡Oh, no! ¿Qué vamos a hacer ahora?", mientras se echa usted al suelo. Siempre que la seguridad no esté en peligro, sustituya un "Basta" por un "¡Oh, no!" teatral, acepte la invitación y juegue hasta que el niño decida acabar el juego. Aunque pueda parecer una actividad agotadora y una inversión importante de tiempo, en realidad se tarda menos si se acepta jugar que si se opta por oponerse al niño. Y los beneficios a largo plazo merecen los miles de momentos felices que invierta en el juego con su hijo. Además, una lección importante que nos enseñan los niños es que sólo existe el momento presente y hay que disfrutar de él.

Debemos evitar, cuando juguemos con el niño, mostrarnos creativos. Acepte la dirección del niño y rellene sólo los espacios en blanco basándose en su guía. Si toma usted el liderazgo introduciendo cambios, estará quitándole poder al niño. Guárdese la idea e inicie un juego en otro momento. Y cuando lo inicie, deje que el niño decida la dirección que debe tomar. Al mismo tiempo, juegue usted bien el papel que su hijo le indique: quédese sin aliento, muéstrese aterrorizado, desesperado e impotente para encajar en la escena que cree el niño.

De nuevo, algunos padres pueden temer que su hijo se aproveche de ellos o que no les respete. Pero el resultado de respetar al niño y seguir su dirección es un mayor respeto hacia usted. Con frecuencia, un niño que obedece no respeta a sus padres, sino que les teme. Puede incluso despreciarles, y como también les quiere, se sentirá confundido y avergonzado de sí mismo. Aprenderá a controlar a los demás y a ver que están por encima o por debajo de él. Efectivamente, la obediencia no acostumbra a ser una señal de respeto sino de miedo e impotencia. Por otro lado, cuando los padres cooperan con el niño, este aprende a colaborar y a cuidar de las necesidades de los demás. Los niños cuentan con nosotros para que respondamos a sus necesidades y, sin duda alguna, se requieren años de repeticiones para que ellos acaben haciendo lo mismo. Como ocurre al aprender a tocar un instrumento musical o a bailar, no se puede esperar que con unas cuantas lecciones el niño se convierta en un intérprete consumado.

El dibujo y otras actividades artísticas son valiosas para expresar la impotencia:

> *Recuerdo las sesiones con Georgia, de ocho años. Dibujaba repetidamente a su vecina, a quien temía y no le caía bien. Llamaba sus dibujos en serie "El Mal Día de Valentina". La historia transcurría a lo largo de siete u ocho páginas, describiendo un desastre tras otro y culminando con la vecina quemándose en un incendio. No sólo dibujaba, sino que luego me explicaba los dibujos riéndose y liberando emociones acumuladas.*
>
> *Recomendé que siguiera contando a su hermano y a sus padres las historias de "El Mal Día de Valentina" siempre que quisiera.*
>
> *Al cabo de una semana, Georgia se había aburrido de los dibujos. Para la sorpresa de su madre,*

> *se dirigió a Valentina que trabajaba en su jardín y se ofreció para ayudarla.*
>
> *Al volver a casa, Georgia dijo: "Mamá, he ayudado a Valentina a plantar flores. Es simpática, ¿sabes?". Georgia se relajó no sólo con Valentina, sino también en su relación con otras personas.*

El resultado de esta terapia artística se hizo patente directamente en la relación que ilustraba. A menudo este no es el caso. A veces el niño detesta a un vecino, pero este "odio" es en realidad una manifestación de sus miedos a sí mismo o a un miembro de la familia. La terapia centrada en el vecino puede no afectar la relación con él, pero se pueden observar otros cambios positivos en las demás relaciones del niño, su confianza u otros aspectos de su vida. Los niños utilizan el arte, la poesía, la música y la representación teatral e inventan juegos para darse el poder. Respete sus métodos creativos de curación y observe cómo florecen.

EVITAR LOS PROBLEMAS FUERA DE CASA

Un beneficio adicional cuando se apoya la necesidad del niño de tener poder es que evita problemas cuando se está fuera de casa y con otras personas. El otro día, una familia que cenaba en el restaurante tuvo que marcharse a media comida porque su hijo decidió tirar todos los cubiertos al suelo y ponerse a gritar. La necesidad del niño de disponer del poder se manifestó en el peor lugar para los padres.

Los niños cuya necesidad de control y de poder se satisface en casa se divierten y participan más fácilmente en actividades en público. Haga que su hogar sea el sitio donde el niño pueda explayarse y el pequeño no necesitará utilizar su vulnerabilidad en público para reclamar su poder. Al mismo tiempo, debe también respetar las limitaciones del niño en cuanto a automoderación. Los juegos de poder pueden jugarse antes de ir a un concierto, al restaurante o antes de un viaje largo. Pero un restaurante puede ser un mal lugar para algunos niños y bueno para otros, especialmente si han tenido oportunidad de quemar energía y se sienten al control antes de llegar. Incluso un grupo de juegos puede ser un entorno divertido para un niño y una obligación insoportable para otro que puede sentirse impotente al no disfrutar en este entorno. Respetar las necesidades e inclinaciones individuales puede ser muy útil para evitar la sensación de impotencia y los desafíos resultantes.

La interacción con otros niños también se ve afectada por la sensación de impotencia. El niño que suele sentirla puede o bien volverse un seguidor sin voluntad o bien desatar su necesidad de poder y controlar o incordiar a los demás niños. Dele una oportunidad para sentirse al mando en casa de modo que pueda disfrutar con sus amigos.

Además de los juegos de poder, los niños consiguen sentirse al mando de las decisiones y siendo dueños de sus elecciones. Ocasionalmente, obtienen una sensación de poder al ayudar en casa, pero sólo cuando no se les pide ni se espera de ellos. En estos casos, cuando el niño ofrezca su ayuda, exprese su gratitud y no espere más. Además, proporcionándole ocasiones para el desorden, el ruido y el ejercicio del mando, los niños quedan satisfechos y establecen relaciones sanas. La vida con los niños fluye cuando nos limitamos a seguir su dirección y respetamos sus elecciones, en lugar de estrujarnos el cerebro intentando averiguar qué es lo mejor para ellos.

Con no privar al niño de su poder, no quiero decir que se le conceda licencia para hacer lo que le venga en gana. Como los adultos, los niños viven en un mundo que establece sus propias fronteras físicas y sociales. Debemos ser auténticos con los niños para que vivan una vida real y no una fantasía en que todos sus deseos se satisfagan de inmediato. Las frustraciones naturales no impuestas por nadie son una parte sana del proceso de crecimiento y sólo necesitamos validar los sentimientos del niño y escucharle.

Un bebé no es capaz de comprender el fenómeno de la gravedad, aunque responde a los límites que esta le impone; sus caídas son una lección no sólo para aprender a caminar, sino también para comprender el método de prueba y error. Adquirirá esta consideración gradualmente a lo largo de años de recibir cuidados y cariño, no de conseguir sus propósitos a costa de los demás. Los padres van revelando más normas sociales al niño a medida que este va estando preparado para comprenderlas y ser incluido en ellas. No se le puede decir a un bebé: "Estoy demasiado cansada para darte de mamar ahora", y dejarle que llore. Pero, dentro de un par de años se le podrá decir: "¿Estás impaciente porque quieres el helado ahora? Después de cenar lo tomaremos con nuestros invitados".

La tendencia de los padres cariñosos a "hacer feliz al bebé" cueste lo que cueste no ayuda a construir la autonomía y fuerza emocional del niño, sino que las debilita. Amarle y cuidar de él y concederle el poder para sus elecciones autónomas es bueno, pero no se le debe rescatar de las lecciones de la naturaleza y la vida social que no entrañen peligro.

JUEGO FÍSICO

El juego físico puede ser una alegría y una terapia eficaz o puede acentuar la sensación de impotencia del niño. Gran parte del tiempo, los niños parecen disfrutar de la dureza del juego físico y obtienen fuerza física y emocional con él. Si escucha a los niños mientras juegan oirá gritos seguidos de risas crecientes. Casi nunca se precisa la intervención de un adulto, y si le preocupa la dureza del juego, puede vigilar sin ser visto, o puede preguntar cómo va. Casi siempre, el niño que le preocupa le dirá algo como: "Sólo estamos jugando, mamá. Nos estamos divirtiendo". Puede recordarle al niño más débil que está disponible si las cosas se complican. Si la relación con sus hijos se basa en la confianza, seguro que el niño le llamará si le necesita.

No obstante, si le preocupa la seguridad de uno de los niños durante el juego, siga su intuición y compruebe que todo va bien. Los niños emocionalmente sanos jugarán sin peligro; pero en ocasiones sí surge la opresión entre ellos. He tratado a adultos que se sentían intimidados y maltratados por hermanos mayores abusones que no comprendían por qué sus padres nunca se dieron cuenta de ello.

Una madre me llamó preocupada porque un amigo nuevo había encerrado a su hijo de seis años en un armario mientras los padres estaban en la sala. Estando en una casa desconocida, el niño se sintió demasiado intimidado para expresar en voz alta su miedo, pero más tarde, al sentirse seguro junto a su madre, se lo explicó.

Un niño que se siente poderoso no necesita recurrir a la destrucción ni a los abusos, pero si se siente incompetente o impotente puede muy bien hacerlo, especialmente si no tiene una forma segura para expresarse. En ocasiones, nos sorprende descubrir que nuestro apacible y querido hijo está violando los derechos físicos de un hermano o amigo:

> *Un día, de repente, Jeremy, de nueve años, empezó a tirar a su hermano al suelo e impedirle que se*

moviera. Siguió haciéndolo a diario a pesar de que a su hermano le disgustaba. Su madre, Martha, estaba desconcertada; Jeremy era un niño tranquilo. No tenía ni idea de la causa de su comportamiento ya que ella y su marido nunca habían restringido su poder. Se sentaba con su hijo para hablar del tema e intentar averiguar sus motivos.

"¿Te sientes más poderoso al reducir a tu hermano?", preguntó Martha en una de sus conversaciones.

"No lo sé", respondió Jeremy. "No puedo controlarme."

"Lo sé. Pero, ¿qué es lo que te satisface al hacerlo?", siguió Martha.

Jeremy guardó silencio y parecía perdido. Al elevar la mirada, sonrió al decir "Ya lo sé". Explicó a su madre que un niño le había hecho lo mismo en los campamentos y que la necesidad de reducir a su hermano había empezado aquel día. El autoanálisis de Jeremy fue lo bastante claro para ayudarle a ver, con remordimiento, lo que le había estado haciendo a su hermano. Al hablar del incidente en los campamentos, Jeremy expresó un miedo considerable.

"Me asusté mucho, mamá", dijo, "y me sentí avergonzado por ser tan débil".

"¿El niño que te tiró al suelo era mayor que tú?", preguntó Martha con cariño.

"Sí. Era grande y yo me sentí muy pequeño."

Martha siguió escuchando y mostrando comprensión.

Como resultado de la expresión de sus sentimientos ante la atención y validación de su madre, Jeremy ya no necesitó reducir más a su hermano.

Si en algún momento su hijo empieza a meterse con alguien más pequeño que él, compruebe si tiene miedo como resultado de alguna experiencia en casa o en otro lugar. Sentirse controlado o asustado puede provocar comportamientos agresivos que pretenden recuperar en parte el poder y el respeto por sí mismo. Para acabar con las manifestaciones físicas de poder perjudiciales, preste atención al niño; muestre interés por su vida fuera de casa además de su relación con las visitas y miembros de la familia. Escuche atentamente. Ayude al niño a expresarse formulando preguntas que validen, como "¿Te gustaría ponerte la ropa de tu hermana siempre que quisieras?", "¿Quieres jugar con ella a tu manera?", "¿Te asustó cuando te amenazó?". Proporcione al niño una manera de influir en su situación, juegue juegos de poder con él si es pequeño, o dele la oportunidad de compartir sus sentimientos con usted y sentirse al control si es mayor.

A los adultos les resulta difícil llevarse bien; igual que a los niños. No espere que sus hijos se lleven bien más tiempo del que puedan. Para evitar algunas situaciones de rivalidad, proporcione a cada niño la atención, alimentos y actividades personalizadas que precisa. Un niño que moleste o sea agresivo con los demás puede sentirse impotente o necesitar poder; conviene prestarle atención. Puede leerle un cuento, jugar un juego de poder, salir de paseo con él y los demás niños, o unirse a sus juegos.

Confiar en los niños no significa desatenderles. Siempre y cuando evitemos ponernos de parte de uno de ellos y no les quitemos el poder, podemos contribuir y ofrecerles nuestro cariño. Cuando los padres me dicen (en sesiones privadas y en los talleres) que de pequeños sus hermanos les maltrataban, les hacían cosquillas y les menospreciaban, siempre desean que sus padres hubieran intervenido. Los niños en ocasiones provocan daños graves a otros niños; podemos evitarlo si satisfacemos las necesidades emocionales de cada niño y estamos presentes en sus vidas.

No es necesario poner a prueba la fuerza emocional de los niños y dejarles jugar sin control. A usted no le gustaría que un "amigo" le redujera mientras su pareja estuviera en la habitación contigua sin hacer nada al respecto. Los niños merecen nuestra protección y cuentan con nosotros para recibirla. Asumen que si no hacemos nada significa que está bien que les traten así. Evite situaciones que no funcionen y satisfaga la necesidad de atención de cada niño; jugar juntos no debe ser una sobrecarga sino una diversión.

COSQUILLAS

Hacer cosquillas es una actividad típicamente iniciada por los adultos, aunque a la mayoría de las personas no les gusta que les hagan cosquillas, y no es algo que haríamos a otro adulto. Entonces, ¿por qué pensamos que a los niños les gusta? En realidad, los niños detestan que les hagan cosquillas, a menos que conserven el control durante el juego, lo cual significa que eligen jugar y que pueden controlar el juego y su duración. Si un adulto le hace cosquillas a un niño y el pequeño no tiene poder de decisión, al niño no le gustará. Es un abuso similar a cualquier otro dolor físico. La risa incontrolable que provocan las cosquillas no es una expresión libre de alegría. Si el niño pudiera recuperar el aliento, mientras se ríe también gritaría "¡Basta!" o "¡No!". En ocasiones, las cosquillas dejan al niño tan indefenso que no puede pronunciar una palabra. Como he dicho, sentirse así puede incitar al niño a exteriorizar su malestar a través de la agresión u otras acciones destructivas.

Además del dolor que provocan las cosquillas, el niño aprende a abusar físicamente de otra persona y a sucumbir al abuso físico.

Aunque la mayoría de los niños, dada la elección, no desean que les hagan cosquillas, en ocasiones pueden disfrutar del juego siempre y cuando conserven su poder. Observé alegría en un juego de cosquillas sólo una vez, cuando una niña de tres años pidió a su madre que la tocara bajo el brazo. Levantó el codo y su madre pasó el dedo por la axila de la niña, deteniéndose en cuanto la niña se apartó. Riendo, la niña pidió a la madre que volviera a hacerlo. Podía reír porque estaba al mando y su madre respondía adecuadamente. Estos factores no suelen intervenir cuando un adulto hace cosquillas a un niño, en su lugar, se suele someter al niño y lo mejor es evitarlo.

En otra ocasión, un niño me explicó un juego de cosquillas que le gustaba. Él y sus dos hermanos se tumbaban en la cama y se hacían caer mutuamente haciéndose cosquillas. Como en el otro juego, en este los tres participantes se repartían por igual el poder y el control del juego, y podían elegir retirarse y a la vez recibían y hacían cosquillas.

LUCHAS

Las luchas entre padre e hijos no enseñan a los niños a ser violentos a menos que se abuse de ellos. Si el padre se mantiene en el papel de desvalido, permite al niño satisfacer su necesidad de saberse con poder. De hecho, en tal caso representa un juego de poder sanador. Si, por el contrario, el padre somete al niño, le inmoviliza, le levanta o le hace cosquillas, le controla o provoca en él sensación de impotencia de otra manera, el niño posiblemente deberá expresar su frustración imitando el comportamiento del padre sometiendo a un niño más pequeño o manifestando otros síntomas de malestar.

La vida proporciona a los niños múltiples experiencias en que se sienten impotentes, por lo que no deberíamos añadir más. Nuestro papel consiste en brindar al niño la oportunidad de sentirse autónomo y aprender de nosotros cómo una persona fuerte trata a una más débil.

EL NIÑO OBEDIENTE

No todos los niños expresan sus sentimientos de impotencia a través de juegos de poder o con agresividad. Algunos tienden a ser más obedientes, con la esperanza de obtener la aprobación de sus padres y evitar su ira. Interiorizan su sensación de impotencia, que puede manifestarse en forma de depresión, dificultades de aprendizaje, enfermedad u otras dificultades físicas, emocionales o del comportamiento. Es por tanto de vital importancia dar al niño obediente oportunidades de sentirse poderoso y autónomo. Responderá a los juegos de poder cuando comprenda que no perderá su aprobación.

Como el niño que pretende complacer a los demás es más propenso a sentirse inseguro y temer exteriorizar sus frustraciones, necesita experimentar por sí solo que le quieren cuando no es obediente. Necesita recuperar la libertad de elegir complacerle, no por miedo a perder su aprobación, sino porque desea hacerlo. Para conseguir esta libertad, el niño obediente debe sentirse valorado y capaz no sólo al complacerle, sino en especial siendo él mismo y desafiando a los padres.

Miranda, de diez años, tenía el hábito de decir "Sí" cuando quería decir "No". Después de una se-

sión, sus padres se dieron cuenta de que sus elogios por su cooperación y sus grandes expectativas habían provocado inseguridad, timidez y falta de asertividad en su hija. Querían devolverle su poder y la capacidad de ser asertiva. Empezaron compartiendo con Miranda los momentos en que ellos se habían sentido impotentes par que ella no se sintiera sola. También prestaron atención para captar las señales de desafío de Miranda.

Un día, cuando volvían de la tienda con las bolsas de la compra, el padre de Miranda le preguntó si les ayudaría a ordenar la cocina. Ella suspiró y dijo: "Vale".

Su padre se dio cuenta de la oportunidad y dijo: "Has dudado; ¿seguro que quieres ayudar?".

"No pasa nada. Me necesitáis."

"Podemos hacerlo solos si te apetece más hacer otra cosa."

"Vale, entonces me voy a jugar." Miranda miró a su padre tímidamente y él sonrió. "Bien. Ve a jugar", dijo, y ella se fue a su habitación.

Una expresión típica de impotencia en un niño dócil es su resistencia a decir "No". Lo mejor es no pedir al niño que haga cosas que seguramente no le guste hacer. Si necesita usted su ayuda, explíquele lo que necesita y pregúntele si quiere ayudarle, pero acepte un "no" si es la respuesta. Si nota que el "sí" es poco sincero, tranquilice al niño sobre su falta de expectativas de modo que pueda ser sincero y asertivo. Puede ayudarle poco, pero cuando lo haga, será su elección y le ayudará a construirse una imagen positiva de sí mismo. Si actúa por elección y le ayuda libremente, se sentirá poderoso en lugar de impotente y resentido, y por lo tanto, guardará un recuerdo positivo al ayudar. Si le preocupa que nunca aprenda a hacer las cosas que no le diviertan, recuerde que todo se convierte en goce cuando lo hacemos por elección propia y viceversa. Coaccionar a los niños para ayudarnos en casa en contra de su voluntad puede ser el motivo por el cual muchos adultos odian las tareas domésticas.

Al ayudar a los niños a satisfacer su necesidad de sentirse poderosos y capaces, nuestra tarea consiste en mantenernos alerta ante las manifestaciones extrovertidas de impotencia (ira, agresividad) y las introvertidas (obediencia, apatía, buen comportamiento constante). El niño que es asertivo y emprende acciones desafiantes para satisfacer sus necesidades atraerá nuestra atención. El niño que se guarda los sentimientos necesita que nos acerquemos a él, conversemos, validemos y conectemos con él para abrir las puertas a su expresión asertiva.

Debemos también averiguar cómo hemos hecho llegar al niño el mensaje de que conseguirá nuestra aprobación si es obediente y de que ser asertivo no es seguro. Perdónese; lo ha hecho tan bien como ha sabido, y está usted aprendiendo. Si antes elogiaba, ofrecía recompensas, amenazaba y/o desaprobaba, haga saber al niño que se ha dado usted cuenta de su error y desea dejar de recurrir a la manipulación. Explíquele al niño que su autonomía y libertad son importantes para usted. Demuéstrele que le quiere incondicionalmente cuando se atreva a desviarse de sus expectativas y en todo momento.

EL DESARROLLO DE LA CONFIANZA EN UNO MISMO

El niño se siente al poder cuando genera sus propias experiencias. Cuando le "rescatamos" de determinadas experiencias lo consideramos un "fracaso", le privamos de su propio poder. Retírense para que el niño pueda labrar su propio campo. Es posible que deba hacerlo muchas veces antes de conseguir lo que quiere, pero desarrollará confianza en sí mismo y en su poder. La fuerza no es el resultado del éxito constante sino de la capacidad de resistir el fracaso y seguir adelante una y otra vez.

Para muchos padres, resulta incómodo ver a sus hijos sufrir frustraciones o dejarles tomar sus propias, aparentemente erróneas, decisiones. Asumen que ayudando al niño a conseguir el éxito, construyen su autoestima y generan buenos sentimientos, no obstante, la autoestima viene de uno mismo, no de otra persona. La ayuda no solicitada es, en consecuencia, insultante y dañina para la sensación de poder del niño y para el desarrollo de su autoconfianza.

Si los niños han de aprender a tomar decisiones responsables, necesitan practicar. Esto no significa que deba usted quedarse contemplando al niño cuando destruya su propio sueño, proyecto o bienestar. Se le puede proporcionar información de forma respetuosa siempre que se responda a la petición del niño y no se tome su proyecto en nuestras manos. Cuando el niño dispone de la información o sabe cómo conseguirla, necesita ejercitar su poder eligiendo su propia dirección. Los errores que cometa serán suyos y no podrá culpar de ellos a nadie ni erigirse en víctima; del mismo modo, será dueño de sus triunfos.

Desde que sus hijos sean bebés, acuérdese: evite ayudarles a menos que se lo pidan. La torre de bloques de madera puede caerse si el niño añade uno más; una amistad puede terminar si su hijo insiste en llevar a cabo un plan insensato; su hijo puede no conseguir exponer su proyecto en la feria de ciencia si no le ayuda usted con él. A menos que el niño le pida que intervenga, lo mejor es no evitar que se desplome la torre, ni que termine la amistad ni que el proyecto sea un fracaso. Y cuando el niño pida su ayuda, responda sólo a lo que le pida. Es mejor no construir una nueva torre, ni sugerir cómo salvar su amistad ni hacerse cargo del proyecto de ciencias. Puede usted compartir sus sentimientos pero debe hacer lo que el niño le pida y no más. Incluso el ofrecimiento de su ayuda con una pregunta –"¿Quieres que te explique cómo funciona esto?"– puede resultar insultante. Puede ofrecer su punto de vista si sabe que el niño no dudará en rechazarlo.

Aunque los adultos hemos vivido más, el ser humano joven merece andar su propio camino. Nuestra experiencia no puede ser la manera de hacerle avanzar en su camino. No necesitamos esconder información si nos la pide, pero sí debemos confiar en el niño para que decida si la usa o no. Cuando sus errores le lleven al desengaño o le produzcan heridas, nuestra confianza en su resistencia emocional será el mejor apoyo que podamos prestarle, como hizo Mary con Rhys, de dos años:

> *Mary recordó la cara de Rhys al caerse cuando corría. No se movió para recogerle; no dijo nada. Él la miró, ella sonrió y no dijo nada. Entonces él sonrió, se levantó y siguió corriendo.*
>
> *Un año más tarde, Rhys se cayó del triciclo. Mary lo vio desde la ventana; el triciclo cayó sobre el niño y él gritó. Mary avanzó hacia la puerta de cristal pero se quedó dentro sin ser vista pero vigilando al niño por si la necesitaba. En unos segundos, el niño había acabado de llorar, se levantó, levantó el triciclo y siguió montando.*

Un niño puede sentirse libre para generar sus propios sentimientos cuando no le ponemos los nuestros delante. Del mismo modo, predecir los resultados puede resultar igual de descorazonador. Las advertencias bienintencionadas del tipo: "Ten cuidado, puedes caerte", o "No creo que vaya a gustarte" pueden impedir al niño arriesgarse y confiar en sí mismo. Puede usted ofrecerle información objetiva como "El hielo es resbaladizo", "Esto pesa y está caliente", o "No creo que permitan la entrada en el restaurante si se va descalzo", pero siempre y cuando el bienestar del niño no esté en juego, deje que sea él quien tome sus decisiones.

Los niños con frecuencia toman el camino de mayor dificultad con el fin de desafiarse a sí mismos y conseguir mayores logros. Deje que su hijo aprenda que, sean cuales sean las circunstancias, dispone de los recursos para enfrentarse a la vida. Deje que aprenda a partir de sus propias experiencias.

Capítulo 6

Autoestima

Usted es el espejo en que el niño ve su valía

En ocasiones, a pesar de nuestra devoción por satisfacer todas sus necesidades, los niños se sienten inseguros de nuestro amor y de su valía. Para comprender la inseguridad, puede usted examinar los momentos en que usted se ha sentido intimidado, como cuando no se atreve a hablar con alguien, cuando no sigue su inclinación para hacer algo, o cuando el tono de voz o las palabras de otra persona le dejan dudando de sí mismo. ¿Qué conversación escucha en su cabeza en tales situaciones? O, cuando le examinan o le ponen en evidencia, ¿qué dice su mente? Algunas frases comunes son: "No puedo hacerlo", "Soy un estúpido", "Haré el ridículo", "No voy a gustarle" o "No soy lo bastante bueno", junto con otras palabras y frases que minan su confianza en sí mismo. Estas frases son probablemente las conclusiones a las que llegó de niño en respuesta a las acciones de sus padres, o pueden ser las palabras de sus padres o sus hermanos que han quedado grabadas en su mente. Estas viejas frases surgen en su cabeza automáticamente y provocan dudas en el presente.

Por ejemplo, si su padre siempre señalaba sus imperfecciones, es probable que usted haya elaborado una frase que refleje la sensación de "no ser lo bastante bueno". Si su madre le decía: "No puedo creer que hayas hecho esto", puede haberlo traducido usted por "No sé hacer nada bien". Cuando estas palabras suenan en su cabeza, las siguen un conjunto de sentimientos.

El otro aspecto de estas afirmaciones son frases que implican la misma visión pobre de uno mismo que señala con el dedo a la otra persona como defensa: "Pero, ¿qué le pasa?", "Es un inútil", o "¿Por qué no puede hacer nada bien?". Estas expresiones permiten a la mente aliviar la sensación de ineptitud al centrarse en los "defectos" de otra persona.

Usted se formó su propia imagen a partir de las palabras de sus padres, sus expresiones faciales y la manera en que le trataban. Si le respetaban, usted se vio valorado; si confiaban en su capacidad y sus decisiones, usted se vio capaz y confiado; pero si le criticaban y le controlaban, puede que se preguntara usted si realmente merecía cariño y amor.

Los mensajes internos de su hijo sobre su valía se construyen principalmente a partir de su relación con él. Si conserva usted viejas voces de inseguridad en su cabeza, a pesar de sus esfuerzos, estas frases que le hacen daño llegarán a los oídos de su hijo y provocarán en él emociones similares.

La construcción de la autoestima empieza en el seno materno. Desear al hijo y comunicar este deseo a cada momento es la base de la confianza. El bebé asume que es merecedor de su cariño y cuidado. Parece que lo dé por sentado, lo cual es evidente por su asertividad y por su enfado cuando no se le cuida. Para conservar intacta esta confianza, simplemente responda a las necesidades del bebé puntualmente y con alegría. La negación de sus necesidades expresadas puede convertirse en la base de su inseguridad, mientras que su deleite y respuesta preservará su confianza en sí mismo. Cuando sus elecciones de mamar, moverse, descansar, dormir o jugar se satisfagan con una expresión de alegría y afecto, el niño avanzará con confianza hacia la fase siguiente. Al ver la chispa de la emoción en sus ojos en respuesta a su manera de ser y su deleite al servirle, el bebé concluirá: "Soy valioso".

A medida que su poder de implicarse en el mundo que le rodea crece espectacularmente, el niño necesita más confianza de los padres y apoyo en sus experimentos. El niño se sentirá entonces confiado porque sus elecciones obtienen su voto de confianza y no porque tenga éxito en todo lo que hace. Viva el presente y únase a sus penas y alegrías para que el niño aprenda a sentirse cómodo con las diversas experiencias de la vida. No tendrá miedo de mostrarse asertivo ni de intentar cosas nuevas cuando se sienta tan cómodo con el fracaso como con el éxito. En lugar de elogiarle y recurrir a otras manipulaciones, apoye su dirección con curiosidad y con placer. Recuerde, no obstante, que no hay garantía duradera para la autoestima. Aunque satisfagamos todas las necesidades emocionales y físicas del niño durante sus primeros años de vida, la inseguridad puede surgir periódicamente y requerir nuestra atención.

LAS PIEZAS QUE CONFORMAN LA CONFIANZA EN UNO MISMO

El ánimo del niño puede sufrir aunque no haya un abuso verbal explícito; son las formas más sutiles de menosprecio las que suelen escapar a nuestro escrutinio. Las directrices siguientes pueden ayudarle a centrarse en la sensación de confianza y autoestima del niño:

- Ayude al niño sólo cuando se lo pida y sólo en lo que le pida. La ayuda no solicitada probablemente le conducirá a la conclusión de que no es una persona capaz, porque el mensaje silencioso que recibe es "No creo que puedas hacerlo solo. Necesitas mi ayuda. No eres capaz".
- Proporcione al niño la libertad para probar cosas solo aunque sepa que no podrá lograrlas (siempre y cuando no haya peligro y, si lo hay, propóngale una alternativa). Dele la oportunidad de fracasar o equivocarse. Aprenderá de la experiencia personal que es fuerte y capaz para enfrentarse a las dificultades y que puede confiar en sí mismo. Las personas de éxito no son las que nunca fracasan, sino las que siguen levantándose tras las caídas; en lugar de sentir miedo, se sienten cómodas con las caídas y siguen adelante.
- Apoye las elecciones del niño sin esperar resultados específicos. Acepte los resultados con neutralidad, y las expresiones emocionales con respeto y cariño. Puede usted validar la frustración, alegría o desengaño, pero guárdese su opinión sobre las acciones para sí, o al menos asegúrese de que no apartan al niño de sus convicciones: "Mi opinión es diferente y me gusta ver que sigues tu propio camino".
- Exprese gratitud y evite corregir o criticar las acciones del niño. Por ejemplo, si su hijo se ofrece para barrer el suelo y luego lo barre usted, es poco probable que ofrezca de nuevo su ayuda y se considerará incapaz o torpe. Si el niño corta el césped y papá expresa insatisfacción porque ha quedado desigual, o si sus errores de ortografía o lectura se señalan cuando no lo pide, la autoestima del niño y su desarrollo sin duda sufrirán. El niño que se esfuerza por hacer algo útil necesita oír únicamente gratitud,

no evaluación, y el que aprende nuevas habilidades necesita confianza y a veces reconocimiento, no críticas. Mejorará sus habilidades con el tiempo, siempre y cuando se sienta bien consigo mismo y reciba las herramientas de aprendizaje que solicite (clases, libros, herramientas, retroalimentación, etc.)

- Evite elogiarle y, en lugar de hacerlo, refleje los sentimientos expresados por el niño y comparta su alegría. Elogiar a los niños por su comportamiento ("¡Eres muy amable, Johnny!") y sus logros ("¡Estoy tan contento de que hayas ganado el primer premio del concurso!") les conduce a hacer las cosas para obtener reconocimiento. El niño será capaz de lo que sea para obtener sus alabanzas y puede volverse dependiente de la aprobación externa y la aceptación basada en los logros. De modo que, irónicamente, el elogio y las recompensas pueden disminuir la autoestima del niño igual que las críticas.[1]
- Olvide sus planes para el niño, y valórele exactamente por lo que es. Expresar expectativas, como "Dile 'Hola' a la tía Judy", puede hacer sentir al niño inadecuado, especialmente si se obliga a obedecer sus deseos. Incluso los logros deben ser elegidos por el niño, no por los padres. Si dice usted "Vas a ser un atleta formidable", el niño puede temer no cumplir sus expectativas y rendirse, o puede dedicarse al atletismo para complacerle; entonces es posible que pierda su auténtica motivación e incluso la pasión. Por eso lo mejor es evitar sugerir o crear expectativas de logro. La alegría de los padres debe proceder del aprecio del niño por lo que es y debe ser un voto de confianza, lo cual conservará más probablemente su motivación natural de superación. (Esto es diferente a la relación entre un alumno y su profesor. El profesor inspira

al alumno para que sobresalga en un campo que el alumno elige, y él adopta a ese profesor para que le dirija.)

- Evite en la medida de lo posible negar las expresiones y dirección de su hijo. Decir "no" con demasiada frecuencia o contradecir las ideas del niño puede marchitar su confianza en sí mismo porque puede llegar a la siguiente conclusión: "Mis elecciones parecen ser las equivocadas. No puedo confiar en mí mismo". Aunque el niño no consiga lo que quiere, su elección sigue siendo válida y merece ser considerada.
- Evite comparar a su hijo con otro niño. La comparación crea una sensación de competición y miedo a perder, independientemente de lo bien parado que salga su hijo de la misma.
- Permita a su hijo cargar con la responsabilidad en base a su disposición e intereses. Cuando se hace todo por él –elegir la ropa que debe ponerse, sugerir lo que debe hacer o recordarle sus obligaciones (cuando no se nos pide)–, se mina su sentido de la responsabilidad y se fomenta la pérdida de la autoestima. Al ser responsable de sus elecciones y acciones, el niño desarrollará la confianza en sí mismo.
- Escuche al niño y valide sus expresiones emocionales. Su autoestima crecerá al saber que sus sentimientos y la expresión de los mismos se valoran.
- Respete la sabiduría y los conocimientos del niño. Si le hace una pregunta, no convierta la respuesta en una clase ni en un examen. La petición de información que acaba así deja al niño humillado o aburrido y, por tanto, menos dispuesto a preguntar otra vez. Compartirá sus conocimientos e intereses con usted con mayor frecuencia si no le pone a prueba ni le instruye.

- Trate a su hijo como a un igual, que lo es. Pero tenga en cuenta que carece de experiencia y merece que se respeten y se disfruten sus limitaciones. El hecho de haber iniciado la vida más tarde que otra persona no significa que se tenga menos valía o que no se merezca respeto. El niño siempre actúa lo mejor que sabe, igual que usted.
- Un vaso de leche derramada no es una invitación a la crítica sino a la ayuda para limpiarlo. Cuando el niño cometa un error, manténgase neutral o útil. Recurra a la fórmula A.P.E.G.O. para aislar su monólogo interior de la situación presente, para poder centrarse en lo que se necesita en el presente (puede examinar sus pensamientos más tarde). Si su hijo está afectado, escúchele, valide y demuéstrele su amor. Si hace algo que le parezca a usted estúpido o torpe, guárdese las críticas para sí (es materia para su propio estudio) o refléjese en sus sentimientos; puede que esté complacido consigo mismo o avergonzado, enfadado o confundido. Si parece que duda de sí mismo, puede validar y explicarle que usted también ha hecho cosas estúpidas o torpes para que comprenda que estas cosas le pasan a todo el mundo y forman parte de ser humano.
- Dedique tiempo a su hijo. Si es demasiado pequeño para aguantar esperas, interrumpa su actividad y dedíquele un rato. Si es lo bastante mayor para esperar y usted no puede dedicarle tiempo cuando se lo pide, dígale cuándo podrá estar con él. Después, sea puntual y préstele atención. Si de manera regular le dice a su hijo "No tengo tiempo de hacer esto contigo" o "Jugaré contigo después", se considerará poco importante.
- Cuando esté con su hijo, siga su dirección y participe en su mundo con respeto. Puede usted llevar la dirección

cuando se lo pida. Cerciórese de que sepa lo contento que está de jugar con él.

- Cuando su hijo le pida ayuda, responda en cuanto pueda y con alegría. Si, habitualmente, observa una expresión de impaciencia en su cara o si habla usted con irritación, el niño puede llegar a la conclusión de que es una molestia para usted.

Estas recomendaciones pueden aplicarse a cualquier relación. No la necesitará para sus relaciones con amigos y colegas, porque seguramente ya los trata así. En nuestra cultura, no obstante, muchas de las normas de respeto que usamos con los adultos no parecen cumplirse al tratar con niños. Si no recuerda algunos de los consejos, pregúntese, "¿Cómo reaccionaría en esta situación si se tratase de un adulto al que respeto?"

La angustia sobre "¿Cómo lo va a aprender?" o "Se va a aprovechar de mí" procede de nuestro pasado y se proyecta en forma de miedo hacia nuestro futuro. Es material que podemos emplear para nuestro desarrollo personal (examine estos pensamientos con la fórmula A.P.E.G.O.) y no tienen nada que ver con el niño. Esté presente y sabrá cómo respetarle y apreciar el momento con él. Escuche y sepa quién es su hijo y no las voces de su pasado y las presiones de los amigos y familiares. Su deleite favorecerá la autoestima de su hijo.

QUÉ ES Y QUÉ NO ES LA CONFIANZA EN UNO MISMO

En ocasiones, se mezcla la seguridad en uno mismo con el hecho de ser extrovertido. Los niños pueden confiar en sí mismos sin ser extrovertidos. Es crucial distinguir entre nuestras interpretaciones emocionales y la verdadera autoestima en el niño.

Un niño introvertido que prefiere la intimidad y rechaza conversar con los adultos sobre su edad y conocimientos puede no ser un niño inseguro. Al contrario, puede estar siendo asertivo; no necesita complacer al adulto siendo diferente a lo que le dicta su voz interior. Mientras que los adultos no abordan a otros adultos con este tipo de preguntas paternalistas, parecen sorprenderse cuando un niño demuestra suficiente confianza para negarles esta investigación no autorizada. De manera similar, el niño al que no le gusta mezclarse en un grupo y prefiere una amistad íntima con uno o dos demuestra confianza en sí mismo al rechazar unirse a un juego en grupo. Es auténtico y no se deja intimidar por las expectativas de los demás.

> *Recuerdo un día de juegos con uno de mis hijos, cuando él tenía cuatro años. Unos cuantos niños jugaban con sus padres, él estaba sentado observándoles. Me senté con él esperando estar sentados todo el rato o irnos a casa a petición suya.*
>
> *La organizadora de los juegos quería incluir a mi hijo en el juego. Vino e intentó convencerle para que participara un par de veces. Él la miraba y sacudía la cabeza para decir "no". El niño siempre ha sabido lo que quería y no cede ni un milímetro.*

Al otro lado del panorama de personalidades, están los niños cuya confianza se manifiesta clara y abiertamente, en forma de liderazgo o con el deseo de ocupar el escenario. Pero no todos los niños extrovertidos están seguros de sí mismos. A veces un carácter egocéntrico puede ser la tapadera de la inseguridad. Incluso la extravagancia puede en ocasiones ser una manera de esconder la inseguridad o intentar llegar a la altura de las expectativas. En consecuencia, no hay que buscar elementos convencionales de confianza en el niño; en lugar de ello, pregúntese si el pequeño es fiel a sí mismo. Si le gusta ser el centro de atención o si es un líder o un actor por naturaleza, entonces se trata de expresiones auténticas de la persona que realmente es. Si, al contrario, actúa como respuesta a sus aspiraciones, puede que no sea la confianza sino la inseguridad lo que le impulsa. Puede que necesite que le animen para seguir sus propias pasiones e inspiración. Iris, de diez años, era una niña insegura que gritaba y siempre era la primera de la fila:

> *Iris siempre gritaba "¡Yo primera!" al inicio de cada actividad del grupo de teatro. Saltaba y se ponía la primera de la fila constantemente. Parecía muy feliz cuando se le hacía caso y era la primera, pero se frustraba cuando no lo conseguía.*
>
> *Al volver a casa tras una clase de teatro, Iris se puso agresiva con su hermana, Andrea, y se mostraba irritable. Su madre estaba confundida. "Becky ha dicho que te has divertido en la clase de hoy, pero parece que no estás contenta."*
>
> *"No me lo he pasado bien. Nunca me elige. La odio", dijo Iris.*
>
> *La madre no dijo nada. Más tarde, estaba sentada al piano con Andrea. Iris pasó y dijo: "Ah, la pequeña Andrea, que siempre se porta bien".*

Lo que parece confianza y exuberancia, en esta situación, es en realidad el desespero y la inseguridad de Iris. Tiene celos en casa y, angustiada, intenta negar sus dudas buscando el reconocimiento allá donde va.

He aquí otros ejemplos de comportamiento asertivo de niños callados y tímidos:

Mi hijo, Lewis, con seis años, eligió hacer arte en el verano. Cuando fui a recogerle, no estaba en el aula. Había molestado en clase y le habían enviado a la oficina de secretaría del piso de arriba.

Mientras subía la escalera, oí la voz de mi hijo que hablaba alegremente con la secretaria. Cuando me vio, dijo: "Me lo he pasado muy bien, mamá. He jugado con Tina en la oficina".

"¿Por qué has ido a la oficina?", pregunté.

"Estaba pintando y la profesora me ha molestado. Quería que escuchara una historia y después haría otro dibujo. Yo quería seguir con el primero y por eso me ha enviado a la oficina. No quiero volver a clase. Puedo pintar en casa sin interrupciones."

La confianza en uno mismo es el resultado de sentirse importante y merecedor de lo mejor. Si sabemos reconocer la valentía del niño para defender su voluntad, podemos estar de su parte y alimentar su creciente confianza. He aquí otra historia sobre Lewis, que ilustra la confianza que surge cuando uno se considera merecedor de cosas buenas:

Lewis, de ocho años, estaba absorto jugando fuera con la manguera. Su padre pensó que estaba despilfarrando el agua y le llamó desde dentro: "Por favor, cierra el grifo. El pozo puede secarse".

Sin hacer caso a su padre, Lewis siguió jugando, y su padre se enfadó. Se dirigió a la ventana y gritó: "¡Cierra el grifo inmediatamente!".

Sorprendido, Lewis cerró el grifo y corrió hacia la casa. Cuando llegó frente a su padre, tenía los ojos llenos de lágrimas y estaba rojo de rabia.

"Si yo te gritara '¡Cierra la puerta de tu furgoneta inmediatamente!', ¿cómo te sentirías?", preguntó.

"Me dolería", respondió su padre y se disculpó; aclararon el malentendido y buscaron la manera de evitar estas situaciones en el futuro.

Algunas personas pueden asombrarse ante las palabras de este niño a su padre. Pero su expresión indica que se siente seguro. Mostrarse así de abierto es el resultado de sentirse seguro. Lewis reflexiona: "¿Cómo puedes tratarme así? Merezco que se me trate bien, igual que tú". Los niños que confían en sí mismos se sienten libres para expresar sus sentimientos y tienen un sentido implícito de su propia valía.

Además, la libertad de Lewis para expresarse, combinada con el respeto de su padre, curan su resentimiento espontáneamente. Sin embargo, si su padre le hubiera aleccionado o inhibido su expresión, el niño podría haberse enfadado más y la conversación hubiese acabado, probablemente, convirtiéndose en algo desagradable. Como resultado, el resentimiento podría haberse intensificado y el niño podría haber recurrido a la mentira o a la supresión de sus sentimientos cuando sucediera otro incidente parecido. Al demostrar respeto y comprensión, el padre se da a sí mismo y a su hijo la oportunidad de curarse y de perdonarse.

Lo que posibilita este tipo de interacciones familiares es la ausencia de miedo en el niño en la relación. Sabe que sienta o piense lo que sea, se le tomará en serio. Se siente merecedor del tiempo, atención y respeto que recibe. Lewis es ahora un joven capaz de escuchar la rabia de alguien, validar sentimientos y permanecer centrado y conservar la calma.

La paradoja es que a menudo nos preocupa que le pase algo al niño que demuestra confianza. Queremos que sea asertivo y se sienta seguro, pero cuando lo es, nos ponemos tensos y queremos aguar su actitud. Si su hijo se defiende ante la condescendencia de los adultos, debe estar usted contento, aunque el adulto sea usted.

AUTOESTIMA Y HERMANOS/COMPAÑEROS

La llegada de un hermano puede ser una experiencia desgarradora para un niño pequeño, puede hacer zozobrar su confianza en sí mismo. Puede que esté ilusionado y se muestre cariñoso, o estupefacto y desconsolado. Una madre a la que presté consejo me confesó que recordaba la llegada de su hermana pequeña como el acontecimiento más traumático de su vida. Tenía cuatro años; se sintió como si su vida llegara a un trágico final. Pensó que había "perdido la batalla" y que era sustituida por alguien mejor. Mi hijo mayor, Lewis, lo expresó muy bien cuando yo estaba embarazada de nuestro segundo hijo: "¿Por qué queréis otro Lewis?", preguntó.

Todas las atenciones parentales parecen desvanecerse ante la realidad de un nuevo hermano. El niño puede desear volver a los días en que era hijo único o el pequeño. Para comprender lo que el niño puede sentir ante la llegada de un hermano, póngase en su lugar, imagine que su pareja trae a casa a otra persona (esposo/esposa) y que expresa una gran emoción por ello. La explicación es lógica; los dos son tan felices juntos, y son tan maravillosos, ¿por qué no ser incluso más felices con otra persona?[2]

Lleve esta idea más allá de la conmoción inicial, tan lejos como le sea posible, imaginando su vida cotidiana. Organizando turnos, observando a su pareja disfrutar con la otra persona, esperando que comparta usted sus cosas con ella alegremente, y pidiéndosele que se comporte con cariño con esta persona. Imagine la situación que se adapte a su familia y las cosas que usted hace y los sitios donde van. Coloque a la nueva pareja a la mesa, en la cama, de vacaciones; imagínele paseando, cocinando, abrazando, expresando afecto y compartiendo sus momentos especiales. Estoy segura de que (salvo raras excepciones) está usted entrando en contacto con emociones desagradables. Si se concentra bien, puede incluso sentirse asqueado y abrumado. Sentirá impotencia, y temerá que no hay otra solución que librarse del "intruso", que es lo que sienten los niños con frecuencia al crear fantasías relativas a sus hermanos.

Muchos niños responden con cariño cuando su hermano es un bebé; en cuanto se mueve como ellos, la conmoción irrumpe y comienzan a mostrar señales de estrés. Se dan cuenta de que no se trata sólo de un bebé, no es sólo un "juguete", sino otra persona. Ahora tienen que compartir los juguetes, la atención de los padres y el helado con su "rival".

La reacción del niño variará según el niño y en función de su edad. La mayoría de niños mayores, a partir de siete años, reaccionan bien a la llegada de un hermanito, pero si el niño es pequeño y todavía necesita el tipo de atención que recibe un bebé, es probable que le resulte difícil aceptar al recién llegado. El niño pequeño teme que no se le valore y que el bebé venga a sustituirle, mientras que un niño mayor espera con ilusión poder cuidar del pequeño.

En una familia nuclear sólo hay un padre y una madre. En el momento en que llega otro hijo, la escasez de adultos cuidadores a menudo crea tensión. La competencia y las dudas se instalan como si hubieran llegado con el nuevo hijo. Discernir quién es mejor y quién recibe más atención se convierte en la medida de la valía de cada niño. El reto de las rivalidades fraternales no es una situación que deba evitarse, simplemente es una de la que conviene ser consciente para poder ofrecer oportunidades de crecimiento y no de angustias. La clave para otorgar al niño las herramientas para afrontar la llegada de un hermano es la conciencia de los padres de su posible experiencia y la capacidad de permanecer conectados y poder disfrutar del niño.

Algunos padres creen que pueden evitar esta tensión entre hermanos, con los abuelos u otro tipo de ayuda pueden poder hacerlo hasta cierto punto. En la mayoría de las familias, no obstante, este proceso no es evitable. Los padres normalmente actúan únicamente cuando el niño mayor muestra señales de malestar y de deterioro de su autoestima, porque estas señales parecen manifestarse de repente. Los padres me comentan con frecuencia: "No tenemos este problema. Nuestros hijos se adoran". Pero, a menudo, llega un día en que uno de los niños empieza a pegar al otro y los padres, sorprendidos, me llaman para que les aconseje.

Cuando un niño se vuelve agresivo hacia su hermano o hacia los padres, cuando lloriquea, se pega a los padres, se enfada o presenta regresión, o cuando muestra otras señales de malestar que puedan estar relacionadas con la nueva llegada, ya está desesperado. Le preocupa que ya no le quieran y que no valga nada. Si intenta usted detener su expresión de desdicha, el niño llega a la conclusión de que es malo e indigno. "Mamá no me deja hacer daño al bebé. Protege al bebé. El bebé es bueno. Yo debo de ser malo." Su resentimiento hacia su hermano crece. Cuanto más se le intente enseñar que debe ser cariñoso, más solo se sentirá. Puede que desee invertir su destino y puede tener fantasías sobre la desaparición de su hermano. Entonces se sentirá culpable e indigno, y en consecuencia el círculo vicioso se vuelve doloroso y su comportamiento empeora a medida que su imagen de sí mismo empeora y, a la vez, su angustia crece.

Para ayudar al niño a pasar este mal trago, evite regañarle y en su lugar valide sus sentimientos. Mi hijo mediano, Lennon, lo pasó mal hasta aceptar a su hermano pequeño. Esta es su historia:

> *Lennon, de cinco años, solía mostrarse cariñoso con su hermano de un año. Un día, sin más, empezó a quitarle los juguetes de las manos y le satisfacía que el bebé, Oliver, llorara. Al principio, animamos a Lennon a mostrarse cariñoso e intentamos hacerle comprender que a Oliver no le gustaba ese juego. Lennon se volvió todavía más agresivo. Me di cuenta de que Lennon necesitaba algo más que recordatorios cariñosos.*
>
> *Cuando volvió a ocurrir, en lugar de pedirle que dejara de hacerlo, le abracé y le dije: "¿Te gustaría que las cosas fueran como antes, sin Oliver?".*
>
> *Lennon pareció incómodo y no dijo nada. Esperaba un sermón que encajase con su propia imagen de "niño malo".*
>
> *"Yo también echo de menos estar contigo", dije.*
>
> *"No es verdad", murmuró Lennon.*
>
> *"Cuando me ves con el bebé en brazos, ¿te sientes solo?"*
>
> *Lennon asintió.*
>
> *"Y entonces crees que mamá no te quiere."*
>
> *Le cogí en mis brazos y dije: "Añoro estar contigo como antes. Te quiero en todo momento, cuando abrazo a Oliver, te quiero".*
>
> *Lennon bajó la mirada y noté que se sentía culpable por las fantasías que tenía sobre su hermano.*

> *"¿Te gustaría que tiráramos al bebé a la basura?", pregunté.*
>
> *Lennon se animó. "Sí", dijo, y echamos a la basura a un bebé imaginario.*
>
> *"¿Quieres enseñarme qué más quieres hacerle a Oliver? Toma, una muñeca." (Papá estaba con Oliver y Lewis en otra habitación, para que el niño no viera el juego fantasioso de su hermano.)*
>
> *Cuando Lennon hubo representado algunas de sus fantasías dije: "Sé como te sientes. Es normal tener estos pensamientos. Cuando vuelvas a tenerlos, ven y enséñame lo que quieres hacerle a Oliver. Me gusta saber cómo te sientes y lo que imaginas, y siempre puedes enseñármelo con la muñeca".*
>
> *La próxima vez que Lennon molestó a su hermano le ofrecí de nuevo enseñarme con la muñeca (en otra habitación) lo que le gustaría hacerle. Seguimos esta rutina cada vez que era necesario. Tres días más tarde, Lennon, por iniciativa propia, se dirigió a mí cuando estaba a punto de incordiar a su hermano. En lugar de molestarle, dijo: "Mamá, deja que te enseñe lo que quisiera hacerle a Oliver".*
>
> *Fuimos a la otra habitación y me lo enseñó, evitando hacérselo a su hermano. Siguió pidiéndomelo. Al cabo de dos semanas, me pidió que le acompañara con la muñeca, pero en lugar de representar la fantasía de maltratar a su hermano, quería coger la muñeca y hacer reír a su hermano Oliver. Así terminaron las agresiones a su hermano.*

Al validar y jugar con la muñeca, no dramaticé la historia de Lennon ni afirmé que fuera cierta. Hice justo lo contrario; le enseñé que le quería fuera quien fuera el que estaba en mis brazos, que añoraba nuestros ratos a solas y que mi amor por él seguía creciendo. Con mi actitud y confianza le enseñé que confío en su poder interior para superar esta fase dolorosa. Hablamos abiertamente del tema. Él estaba deprimido y me preguntó si había algún remedio homeopático para alguien que quiere pegar a su hermano. Lennon no quería hacer daño a Oliver; quería recuperar su paz y su sensación de valía –y lo logró.

Además del poder de la validación y la aceptación, es crucial que cada niño disponga de tiempo individualizado con el padre y con la madre. La familia nuclear convierte a los padres en una riqueza escasa por la que se compite. Habrá menos competición y tensión cuando cada niño vea satisfecha su necesidad de atención.

Aún así, por mucho que se salga victorioso de esta danza para satisfacer las necesidades de los hijos, es probable que se relaje cuando las cosas vayan bien y luego tenga que sofocar fuegos una y otra vez. Las tensiones entre hermanos fluctúan y reflejan la autoestima de los niños y la dinámica de la familia. Por tanto, disfrute de las épocas de calma, pero esté preparado para que cuando se enciendan los ánimos y surjan comportamientos difíciles pueda cuidarse de las necesidades del niño antes de que el nivel de estrés provoque daños duraderos en su autoestima.

A medida que los hermanos crecen juntos, las fluctuaciones en su relación pasan a formar parte de su vida. Como ocurre con los adultos, pasan períodos apacibles seguidos de luchas e inseguridad. Gran parte del tiempo, el niño cuya autoestima se ve repetidamente amenazada por un hermano, amigo u otro familiar, necesita pasar tiempo con los padres para poder recuperar la fe en sí mismo. Esto puede significar enviar al otro niño (si es lo bastante mayor) a pasar el día a casa de la abuela, poner a los niños en habitaciones separadas o programar nuevas actividades con los padres o con otros compañeros de juego para que el niño se sienta una persona valorada. Acentúe las oportunidades para cada niño de crear su propio camino individualizado donde no compitan ni compartan con su hermano, y conecte con cada niño de forma individualizada. Nadie se siente querido en pareja o en un grupo.

El único obstáculo para la autoestima es un pensamiento que le dicta al niño que no es digno. Se forma una historia que es la prueba de su poco valor o fracaso. Elimine las pruebas y su historia se derrumbará. Si le dice al niño que no debe dañar al bebé, tendrá una prueba de que es malo y usted no le quiere (usted protege al bebé del niño malo). Se puede deshinchar el drama abrazando al niño cuando quiera hacer daño a su hermano, validando sus necesidades y proporcionándole salidas para sus fantasías. Cuando se enfrenta al niño alimenta su dolor; cuando se le une, su hijo forjará con usted su historia de cariño.

DESPRECIO ENTRE HERMANOS

A medida que los niños crecen, pueden empezar a usar comentarios despreciativos hacia un hermano con el fin de sentirse valorados. Estas interacciones hostiles pueden ser benignas e inofensivas, o pueden lastimar al niño que se las toma en serio. Sentirse inseguro e inferior puede conducir al niño a satisfacer su necesidad degradando a otro niño. En cuanto al receptor de los “insultos”, puede sentirse herido o puede no importarle demasiado. Sabrá cómo se lo toma el niño observándole y preguntándole.

El niño seguro de sí mismo puede no inmutarse por las palabras de menosprecio, mientras que un niño más inseguro puede manifestar agresividad o mostrarse ofendido con palabras o mediante otros comportamientos preocupantes. Un padre me contó que al preguntar a su hijo de nueve años qué sentía cuando su hermana le llamaba mimado, él respondió, "Nada", y que su comportamiento confirmaba su indiferencia. En consecuencia, gran parte de lo que a los padres les parece un intercambio doloroso entre niños puede ser inofensivo y no precisar intervención alguna. No obstante, en ocasiones un niño se siente herido tras repetidos desprecios, lo cual significa que cree lo que se le dice.

Cuando observe que su hijo se siente herido, ayúdele a conectar con la persona que realmente es para que las palabras de su hermano pierdan su efecto. Escúchele sin implicar que las palabras de su hermano controlan sus sentimientos. Si le dice "¿Te hace sentir...?" implica que sus sentimientos están controlados por sus palabras. En cambio, después de escucharle, valide y le ayudará a recuperar su noción de sí mismo: "¿Te gustaría sentirte bien a pesar de la opinión de tu hermano?" Así puede reconocer sus virtudes independientemente de las palabras que le dirija otra persona. Una vez el niño reconoce su valor como persona, nadie puede quitárselo. Aprenderá que se es quien se es y que esto no se ve afectado por las palabras de los demás.

Al satisfacer las necesidades del niño insultado, valide también la necesidad de su hermano de expresar desprecio. ¿Por qué necesita menospreciar a su hermano? ¿Intenta demostrar que es mejor porque duda de sí mismo? ¿Duda del cariño de sus padres? ¿Sabe distinguir entre su pensamiento doloroso y la realidad?

La inseguridad nunca es real, porque todos los niños son seres humanos valiosos y encantadores. Averigüe cuáles son sus necesidades no satisfechas. Satisfacer sus necesidades de intimidad, atención, cariño y demás intereses concretos le satisfará y ya no necesitará desatar su frustración contra un hermano.

Si se pone usted de parte de uno de los niños, aíslese y escuche su conversación interior (A de A.P.E.G.O.), luego preste su atención (P) a cada uno de los niños, escuche y garantice la validación (G) de sus sentimientos sin favorecer ni criticar a ninguno. Escuche a ambos niños. Validar a uno no significa no poder validar al otro. No estamos arreglando la disputa, sólo validamos sus sentimientos y reconocemos sus preferencias o su punto de vista. Al no intervenir en la discusión, otorgamos poder (O) a los niños para que confíen en sí mismos y busquen soluciones.

Al evaluar si uno de los niños está herido, es probable que el "atacante" se encuentre en una mayor necesidad emocional que el otro, como en el caso de Aaron:

> *Joseph, de siete años, salió de la habitación de juegos llorando: "Mamá, Aaron me ha llamado burro y ha hundido mi torre".*
>
> *Rebecca abrazó a Joseph y dijo: "¿Eres un burro?".*
>
> *"No. Mamá, ha destruido mi torre."*
>
> *"¿Quieres volver a levantarla?"*
>
> *Entonces Aaron, de doce años, salió de la habitación. "¿Ya se está quejando a mamá como un bebé?", dijo en tono burlón.*
>
> *Rebecca reconoció el dolor en la expresión de Aaron. Le acarició, le miró a los ojos y le preguntó: "¿Quieres que pasemos un rato juntos?".*
>
> *Aaron se sentó junto a su madre en el sofá. Entonces, Joseph, la "víctima" original, volvió a la ha-*

bitación de juegos. Probablemente se sentía querido. El dolor de su hermano era más profundo.

"¿Qué es lo peor de tener un hermano?", preguntó Rebecca a Aaron. Él la miró y empezó a hablar. Ella escuchó con atención y notó la sensación de fracaso de Aaron. Su validación provocó algunas lágrimas y dio paso a muchas historias que aclararon por qué el niño se sentía superado por la presencia de su hermano pequeño en su vida. Era la duda de Aaron sobre su propia valía lo que le hacía molestar a su hermano.

En nuestra sesión telefónica al día siguiente, Aaron me dijo: "Odio a mi hermano".

"¿Preferirías que no estuviera?", pregunté.

"Sí", respondió.

"Dime cómo serían las cosas en casa sin él."

Aaron se calló. Al cabo de un rato dijo: "No, no quiero que se vaya. No me gusta la idea".

"Entonces, quieres que viva contigo."

"Supongo. No me imagino sin él. Le quiero; pero es una lata."

"¿Qué clase de lata? Explícamelo."

"No sé. En realidad no lo es."

"Entonces, ¿todo bien?"

"Supongo. Sí, me gustaría que mi madre me dedicara más tiempo, y mi padre. Pasan mucho tiempo con Joseph."

"¿Y no pasan tiempo contigo?"

"Bueno, no, sí lo pasan, pero... bueno, no es que quiera pasar más tiempo con ellos. Él es pequeño. Yo no lo necesito. Yo necesito pasar tiempo con mis amigos."

> *"Entonces tu hermano no es un problema, tus padres y tú pasáis suficiente tiempo juntos. ¿Hay otros problemas?"*
>
> *Aaron se echó a reír. "Seguro que puedo inventar alguno. Es increíble, pero yo solo he inventado toda esta historia."*

Nuestro objetivo no consiste en realizar la tarea imposible de educar niños que nunca sufran daños en la imagen que tienen de ellos mismos. La vida real no es así, y escudar al niño de las experiencias reales sólo le debilita. En lugar de ello, los niños deben crecer siendo capaces de enfrentarse a la realidad con fuerza emocional y sabiduría. Pretendemos construir una relación de cariño y libre de miedos que permita la expresión de todas las emociones y confiera confianza a nuestros hijos. Esto, a su vez, favorece que el niño crea en sí mismo y sea capaz de construir su propia vida y ejercer un efecto positivo en los demás.

Apoye la sensación de valía de su hijo a diario afirmando la persona que es, votando "sí" a su dirección y expresando su amor y aprecio de forma auténtica. Esto significa que no haya expectativas que dificulten la celebración gozosa del niño tal como es.

NOTAS: CAPÍTULO 6

1. Véanse los artículos de Aldort sobre los elogios: "Mothering" N° 71, 1994; revista *Life learning* nov/dic 02, ene/feb 03, mar/abr 03.
2. Esta analogía fue introducida por primera vez por Mazlish y Faber en su libro *Siblings Without Rivalry: How to Help Your Children Live Together So You Can Live Too*. HarperResource, 1998.

Bibliografía recomendada

Libros

Blanton, B., *Radical Parenting*, Sparrow Hawk Publications, 2002.

Breeding, J., *The Wildest Colts Make the Best Horses*, Bright Books, 1996.

—, *True Nature and Great Misunderstandings: On How We Care for Our Children According to Our Understanding*, Eakin Press, 2004.

Briggs, D., *Your Child's Self-Esteem*, Mainstreet Books, 1975.

Byron, K., *Amar lo que es: cuatro preguntas que pueden cambiar tu vida*, Books4pocket, 2009.

—, *I Need Your Love: Is That True? How to Stop Seeking Love, Approval and Appreciation and Start Finding Them Instead*, Harmony Books, 2005.

Greenberg, D., *Por fin libres: la educación democrática en Sudbury Valley*, Javier Herrero Cadarso, 2003.

—, *Child Rearing*, Sudbury Valley Press, 1987.

Holt, J. *How Children Learn*. Perseus Publishing, edición revisada, 1995.

—, *El fracaso de la escuela*, Alianza Editorial, 1987.

—, *Instead of Education: Ways to Help People Do Things Better*, Sentient Publications, 2004.

—, *Learning All the Time*, Addison Wesley Publishing Company, reimpresión, 1990.

—, *Never Too Late: My Musical Life Story*, Addison Wesley Publishing Company, reimpresión de 2009, 1991.

Hunt, J., *The Natural Child: Parenting fron the Heart*, New Society Publishers, 2001.

Juul, J., *Su hijo, una persona competente: hacia los nuevos valores básicos de la familia*, Herder Editorial, 2010.

Kohn, A. *Paternidad incondicional: cómo educar con amor y razón o amar al hijo, no su conducta*, Grupo Editorial Patria, 2008.

—, *Punished by Rewards: The Trouble with Gold Stars, Incentive Plans, A's, Praise and Other Bribes*, Mariner Books, 1999.

—, *No Contest: The Case Against Competition*, Houghton Mifflin Company, 1987.

Leo, P., *Connection Parenting*, Wyatt-Mackenzie Publishing, 2005.

O'Mara, P., *Natural Family Living: The Mothering Magazine Guide to Parenting*, Atria, 2000.

Neill, A. S., *Summerhill. Un punto de vista radical sobre la educación de los niños*, Fondo de Cultura Económica, 2004.

—, *Hijos en libertad*, Ediciones Altaya, 1999.

Rosenberg, M. Ph. D., et al., *Comunicación no violenta. Un lenguaje de vida. Desarrolla habilidades para relacionarte en armonía con tus valores*, Gran Aldea Editores, 2011.

Thevenin, T., *The Family Bed*, Avery, 1987.

Winn, M. *The Plug-In Drug: Television, Computers and Family Life*, Penguin, 2002.

Libros sobre parto y salud

Mendelsohn, R., M.D., *Male Practice*. Contemporary Books, 1981.

—, *Cómo criar a un hijo sano a pesar de su médico*, Publicaciones Gea, 2007.

Noble, E., *Childbirth with Insight*, Houghton Mifflin Co., 1983.

Periódicos y revistas

Life Learning (Canada): The International Magazine of Self-Directed Learning.

Mothering: The Magazine of Natural Family Living.

Byron Child (Australia): The Magazine for Progressive Families.

Natural Parenting (Australia): Real Alternatives for Today's Parents.

The Mother Magazine (United Kingdom)

Journal for Family Living

Compleat Mother: Magazine About Breastfeeding, Childbirth and Pregnancy.

Sitios web que ofrecen oportunidades para la autorrealización

TheWorkForParents.com
AuthenticParent.com
NaomiAldort.com
TheWork.org
Landmarkeducation.com
Sedona.com
Radicalhonesty.com

Sitios web sobre salud para niños y adultos

WestonAPrice.org
Mercola.com

Organizaciones de apoyo

La Leche League
Attachment Parenting International
Commercial Alert
The Natural Child Project
Nonviolent Communication

Direcciones útiles

Colegio Oficial de Psicólogos

www.cop.es

Un psicólogo puede ayudar a diagnosticar y tratar problemas como la ansiedad, la depresión o los trastornos de la alimentación, además de dotar tanto a los niños como a los jóvenes y a sus familias de las habilidades necesarias para mejorar su situación. El Colegio de Psicólogos ofrece un servicio de referencia de psicólogos que cuentan con consulta privada para tratar algún problema en particular.

Fundación de Ayuda contra la Drogadicción (FAD)

www.fad.es/Home

Es una institución privada sin ánimo de lucro que tiene como misión fundamental la prevención del consumo de drogas y alcohol y sus consecuencias. Organiza programas preventivos tanto en la escuela como en la comunidad y en la familia. También dispone de un servicio de información, orientación y apoyo.

Teléfono: 900 16 15 15.

Horario: de lunes a viernes, de 9 a 21 horas.

Es gratuito, confidencial y anónimo.

Teléfono del Menor ANAR
900 20 20 10
Fundada en 1994, se trata de una línea telefónica gratuita de orientación psicológica y ayuda inmediata que atiende de forma confidencial los problemas de todos los niños y adolescentes de España. Funciona todos los días durante 24 horas y ofrece atención profesional y asesoramiento jurídico. ANAR también cuenta con una línea del adulto cuyo teléfono es 91 726 01 01 para todos aquellos adultos –padres, familiares, profesores o incluso vecinos– que puedan encontrarse ante un problema en el que hay niños implicados.

Trastornos de alimentación: anorexia y bulimia (ADANER)
www.adaner.org
Asociación de ámbito nacional sin ánimo de lucro constituida por afectados y familiares de enfermos de anorexia y bulimia. Sus fines son mejorar la atención y la calidad de vida de los enfermos y sus familiares, así como difundir y sensibilizar a la sociedad en todos los aspectos relacionados con estas enfermedades.

Unidad de Alteraciones del Sueño
En la mayoría de grandes ciudades existen estas unidades de alteraciones del sueño, tanto a nivel privado como de la Seguridad Social. Consulte en su ambulatorio.
Instituto Universitario Dexeus
Tel.: 932 121 354
Clínica del Sueño Estivill
Tel.: 932 121 354
Instituto de Investigaciones del Sueño
Tel.: 913 454 129
Universidad de Navarra
Tel.: 948 255 400

Datos de contacto

Naomi Aldort es una escritora, ponente y asesora familiar de ámbito internacional. Combina The Work con la orientación específica para padres basada en la dirección individual de cada padre (apego, no escolarización, general, etcétera). Utiliza un proceso de preguntas para revelar los pensamientos y creencias que obstruyen la capacidad del padre para actuar movido por el cariño.

Los artículos y columnas de Naomi pueden encontrarse en publicaciones de todo el mundo, como *Mothering Magazine* (EE.UU.), *The Journal of Attachment Parenting International*, libro de texto universitario de McGraw Hill, *Byron Child* (Australia), *Natural Parenting* (Australia), *The Mother* (Reino Unido), *Hand in Hand* (EE.UU.), *Life Learning Magazine* (Canadá), *Taking Children Seriously* (Reino Unido), *Gentle Spirit* y otras. Los artículos de Naomi se han traducido al alemán, hebreo, japonés, español y holandés.

Para más información, visite los sitios web de Naomi:
www.NaomiAldort.com
www.TheWorkForParents.com
www.AuthenticParent.com
1-800-747 7916
naomi@aldort.com

Dra. Naomi Aldort
P.O. Box 1719
Eastsound, WA 98245 - Estados Unidos

Grabaciones

Trusting Our Children, Trusting Ourselves, juego de 7 CD
Babies & Toddlers: To Tame or to Trust, juego de 2 CD
The Price of Praise, 2 CD

Asesoramiento telefónico

Naomi tiene años de experiencia asesorando a padres de todo el mundo. Utiliza el método The Work para que los padres descubran su poder, sabiduría y paz para relacionarse con sus hijos. The Work es un sencillo proceso de preguntas para ahondar en los pensamientos que provocan su estrés, confusión y malentendidos con uno mismo, con los hijos, etcétera. Cuando uno ve las cosas con claridad, encuentra las respuestas a las dificultades para expresarse y liberarse, y los hijos salen ganando.

Además, Naomi ofrece orientación sobre cómo vivir con su hijo para conseguir que él y usted florezcan de manera auténtica y libre.

Talleres/Charlas

Naomi ofrece talleres para *Aprender a educar* de fin de semana, además de otros talleres que pueden adaptarse a edades e intereses específicos. Usted utilizará el método The Work para impulsarse hacia la paz y la libertad con los hijos, la pareja y otras relaciones, y descubrir el goce de la paternidad fuera del viejo paradigma de pensamientos no examinados.

Taller familiar intensivo

El taller familiar intensivo es un taller individual para una familia en casa de Naomi o en su casa. Es una experiencia intensa que le cambiará la vida, con horas de orientación cada día.

1-800-747 7916
naomi@aldort.com
Dra. Naomi Aldort
P.O. Box 1719, Eastsound, WA 98245, Estados Unidos

Tus hijos no son tus hijos.
Son los hijos e hijas del deseo que la Vida tiene de sí misma.
Vienen a través de ti pero no de ti, y aunque están contigo, no te pertenecen.
Puedes darles tu amor, pero no tus pensamientos, pues ellos tendrán sus propios pensamientos.
Puedes alojar sus cuerpos pero no sus almas, porque sus almas habitan la casa del mañana, que tú no visitarás ni siquiera en tus sueños.
Puedes luchar por parecerte a ellos, pero no pretendas que ellos sean como tú.
Porque la vida no retrocede en su camino ni se demora en el ayer.
Eres el arco desde el cual tus hijos, como flechas, avanzarán.
El arquero ve la señal en el camino hacia el infinito, y te dobla con Su fuerza para que Sus flechas vuelen veloces y lejos.
Alégrate y deja que el arquero te doble; porque si bien ama la flecha que vuela, ama también el arco que se queda.

De *El profeta*
de Khalil Gibran

Índice alfabético